Mitología nórdica

Una fascinante guía del folclore nórdico que incluye cuentos de hadas, leyendas, sagas y mitos de los dioses y héroes nórdicos

Contents

Introducción

Antes de que el cristianismo llegara a lo que hoy llamamos Europa, el pueblo germánico —al que hoy llamamos vikingo— tenía sus propios relatos y prácticas sagradas. Los expertos dicen que no compartían un canon cuidadosamente elaborado de textos sagrados comunes, sino que las historias pasaban de un narrador a otro y eran diferentes en distintas regiones y épocas. Los dioses mencionados en esas historias también eran numerosos, con variaciones y, a menudo, con diferencias. A veces sus acciones y palabras eran nobles y solemnes, llenas de sacrificio; otras veces, sin embargo, estos dioses eran traviesos e imprudentes. En esto, quizás, se parecían a la gente que escuchaba estas historias, que reía, lloraba con ellas y las memorizaba.

Estas historias perduran en nuestra cultura hoy en día. Cuatro días de la semana en inglés llevan el nombre de los integrantes del panteón nórdico (Tyr, Odín, Thor y Frigg). El anillo del nibelungo conserva una versión de una de las grandes historias nórdicas viva en la mente de los amantes de la música. Los lectores de la fantasía moderna encontrarán también numerosas similitudes con los cuentos nórdicos. Neil Gaiman, Douglas Adams, entre otros han escogido a algunos de los dioses nórdicos y los han situado en escenarios modernos con resultados extraños, tristes y humorísticos. Los ecos de los cuentos y criaturas nórdicos abundan en la ficción especulativa de Ursula Le

Guin, J.R.R. Tolkien, C.S. Lewis y Tad Williams, entre otros. Algo en estas antiguas y desconcertantes historias aún tiene el poder de conmovernos, inquietarnos e inspirar nuevos planes de creación.

Este libro le dará una breve introducción a algunos de los mitos más conocidos que se encuentran en las fuentes primarias. En la conclusión, se ofrecen sugerencias de lecturas adicionales. Hay un glosario de nombres al final, en caso de que necesite ayuda para seguir el rastro de un amplio abanico de personajes. ¡Disfrute de sus descubrimientos!

Capítulo 1. La creación de los mundos

El mundo comenzó tal y como acabará: en el fuego. Del caos primordial que no tenía ni día ni noche, ni mar ni tierra, ni vida ni muerte, surgió una chispa. La llama, que se alimentaba de su propia hambre, enfureció, se extendió y se convirtió en el brillante y caliente mundo de Muspelheim, un horno viviente que vertía ríos de fuego y ráfagas de aire caliente en el vacío circundante.

Una vez que se hizo el calor y la luz, sus opuestos también llegaron a existir. A través del universo, desde Muspelheim, otro mundo tomó forma: Niflheim, atrapado por el hielo, oscuro y terriblemente frío. Desde Niflheim, un amenazador y escalofriante viento entró en el vacío como un lento río de hielo triturado.

El hielo y el fuego se encontraron en el vacío. Se produjeron terribles explosiones y el vacío se llenó con chispas voladoras y fragmentos de hielo roto, con fuentes de agua y chorros de vapor. Esa colisión dio a luz al gigante de hielo Ymir. Era fuerte, frío y mortal como el aliento de Niflheim, pero tenía la chispa de fuego de la vida en él. Ymir sudaba mientras las chispas volaban a su alrededor y de las gotas de sudor surgieron nuevos gigantes.

Ymir y su descendencia no fueron los únicos nacidos del deshielo. La vaca Audhumbla también tomó forma entre el fuego y el hielo e Ymir y sus hijos bebieron su leche. Ella también tenía sed y le saciaba lamer el hielo. Algo nuevo comenzó a surgir de los movimientos de su lengua: primero surgió lo que parecía el pelo de un hombre, luego una cabeza y después toda una figura se liberó del hielo y miró a su alrededor. Se llamaba Buri y era el primero de los dioses. Buri era tan bello como fuerte y quería a otros de su misma especie. Creó a su propio hijo, Bor. Bor se enamoró de la giganta Bestla y ella tuvo hijos, de los cuales el mayor fue Odín.

Odín y sus hermanos lucharon contra Ymir. La guerra fue recordada mucho después de que se olvidaran las razones. Quizá el gigante no aprobaba que sus hijos se casaran con dioses en vez de entre ellos. Tal vez tanto Odín como Ymir querían reclamar el mundo entero para su propio pueblo. Sea como fuere, lucharon, y Odín y sus hermanos ganaron.

Ymir cayó muerto en el vacío entre el mundo del fuego y el mundo del hielo. La sangre de Ymir provocó una gran inundación y ahogó a los otros gigantes de hielo, a todos menos al gigante Bergelmir y a su esposa. Mientras los otros luchaban, Bergelmir había construido un gran barco y cuando se produjo la inundación, él y su esposa se subieron a su barco y navegaron por la marea de sangre hasta un lugar seguro, fuera del alcance de los jóvenes dioses.

Odín y sus hermanos pasaron de luchar a construir. Tomaron el cuerpo de Ymir y lo transformaron en un mundo, un anillo plano situado a mitad de camino entre los mundos del hielo y el fuego, en un lugar de agua corriente y aire templado. La sangre helada de Ymir se convirtió en los lagos y mares del mundo, su carne y huesos en la tierra y las montañas. Su cráneo se erigió sobre el mundo, convirtiéndose en el arco del cielo. Los dioses tomaron el fuego de las chispas de Muspelheim y las lanzaron al aire bajo ese arco para dar luz al mundo. En los márgenes exteriores de ese mundo, junto al mar interminable que marcaba su límite, había un terreno baldío habitado por los hijos de Bergelmir y sus hijos, los gigantes que recordaban la muerte de Ymir y esperaban su oportunidad para vengarla. Pero en medio del mundo, los dioses levantaron una muralla defensiva, construida a partir de las cejas de Ymir, para mantener a los gigantes a raya. Esta tierra defendida la llamaron Midgard, el mundo de los hombres.

En este lugar, después del caos y la guerra, hubo descanso y orden y el comienzo de otro tipo de vida. El sol calentaba la tierra. Las plantas verdes brotaron y crecieron. Odín y sus hermanos tomaron dos árboles, los moldearon a imagen de los dioses, dieron vida a su carne e inspiración a sus almas. Ask fue el primer hombre y Embla, la primera mujer y de ellos dos nacieron todos los pueblos del mundo.

Los dioses también tomaron los gusanos que roían la carne de Ymir, les dieron una forma humana y les infundieron sabiduría. Estos se convirtieron en la raza de enanos, que compartían el mundo con los humanos, pero no siempre felizmente, tal y como veremos en los siguientes cuentos.

Notas de la historia de la creación:

Como la mayoría de los mitos nórdicos, la historia de la creación existe en varias formas. Está contada en fragmentos dispersos a través de varios de los textos antiguos llamados Eddas poéticas (más notablemente en *Völuspá* y Hávamál) y de un fragmento coherente escrito por el estadista y escritor del siglo XII Snorri Sturluson en *Gylfaginning*, la primera mitad de la *Edda prosaica*. Snorri se basó en las Eddas poéticas y en algunas otras fuentes que ahora se han perdido. También hizo algunos intentos desconcertantes de armonizar los mitos nórdicos con el cristianismo y con la mitología griega; he dejado algunos de esos rasgos fuera. Si está interesado en leer las originales, las traducciones de todas las Eddas están disponibles gratuitamente en línea.

Pero los detalles de los hechos pueden variar, los mitos nórdicos coinciden en que el mundo nació en el caos y que desde el principio estuvo formado por una lucha entre los opuestos: calor y frío, hielo y fuego, gigantes y dioses. El mundo fue creado por los dioses a partir del cuerpo de su enemigo. El mismo Odín, el líder de los dioses contra los gigantes, fue el hijo de una giganta. Había gloria, coraje y belleza en el mundo de los mitos nórdicos, pero no había mucha paz.

Capítulo 2. La construcción de Asgard

Después de dar forma a Midgard para los mortales, los dioses crearon una espléndida ciudad para ellos mismos y la llamaron Asgard. Estaba unida a la tierra por un puente de fuego llamado Bifrost, el arco iris. Los dioses esperaban que los gigantes no pudieran cruzar este puente y atacarlos. Los humanos vivos tampoco podían pasar por ahí. Sin embargo, los guerreros que morían valientemente en una batalla eran llevados por las valquirias, las bellas y salvajes hijas de Odín, a Asgard. La mitad de ellos se dirigían al castillo de Odín llamado Valhalla, donde pasaban sus días luchando entre ellos (no en hostilidad, sino para la práctica y disfrute de la batalla; por la noche los heridos recuperaban la salud perfecta) y sus noches en festines. La otra mitad iba a Fólkvangr, el gran salón de la esposa de Odín, Frigg. Frigg era la más sabia de las diosas. Ella velaba y tenía el poder de alterar el tejido mágico que determinaba el destino de los mortales. A veces, a diferencia de su marido, recibía en su salón tanto a las mujeres como a los hombres valientes.

Todos los edificios de Asgard estaban hechos de oro. El esplendor estaba por todas partes. La vida era infinita y la fuerza inquebrantable, gracias al manzano de la diosa Idun, cuyo fruto hacía inmortal al que lo comía. Y en un lugar había algo más extraordinario que el esplendor o la inmortalidad: la paz. Esto se encontraba en Breiddablik, un lugar de la paz, el palacio de Balder. Balder era tan bello que arrojaba luz por donde caminaba y sus decisiones eran tan sabias y justas que los otros belicosos dioses no les encontraban defectos.

En medio de toda esta belleza, Odín se sentía preocupado. Recordaba la ira de los gigantes y temía que destruyeran todo lo que él y sus hermanos y hermanas habían creado. Los guerreros del Valhalla luchaban diariamente para ser una fuerza formidable cuando llegara el día del juicio final, pero no confiaba en que ese ejército le salvara de las fuerzas que los gigantes podían reunir. A menudo iba a su otro castillo de Valaskjálf, cuya torre más alta era tan alta que podía divisar desde ella cualquier lugar de los mundos; allí se sentaba solo, mirando, reflexionando y preocupándose. Pero la primera amenaza para Asgard no vino de los gigantes, sino de la otra raza de dioses, los Vanir. Nadie recuerda ahora de dónde vinieron los Vanir; tal vez descendieron de Buri o de los otros hijos de Bor. Sea como fuere, los Aesir (habitantes de Asgard) y los Vanir vieron el poder del otro desde lejos, se sintieron amenazados y se atacaron mutuamente. La lucha fue larga e igualada; los Vanir derribaron los muros de Asgard, pero no pudieron expulsar a los Aesir. Finalmente, cansados de la guerra e impresionados por el valor y la fuerza de los del bando contrario, decidieron hacer un tratado de paz. Los Vanir se retiraron a sus propias tierras. Dos de los Aesir se fueron con ellos como rehenes o embajadores y pronto se desvanecieron de las historias. Tres de los Vanir permanecieron como rehenes en Asgard: Njord, dios del mar y de los marineros, su hijo Frey y su hija Freya. Ahora Freya era una mujer sabia, hábil en ver el futuro y tenía una capa de plumas de halcón que le permitía tomar forma de pájaro y volar. También era increíblemente hermosa y libre para cualquier dios que le gustara.

Los Aesir estaban muy contentos con sus rehenes, pero menos, con sus muros en ruinas. Un desconocido llegó a las puertas de

Asgard y ofreció construir un mejor muro defensivo que resistiera cualquier asalto y prometió terminar el trabajo en un año y medio. La oferta le pareció buena a Odín, hasta que escuchó el precio. El constructor exigió a cambio el sol, la luna y el matrimonio con Freya, que no estaba dispuesta a casarse. El resto de los dioses y diosas no querían ver su ciudad despojada de luz y belleza. Pero Odín tenía miedo de un ataque que destruiría esta belleza para siempre.

Después de una larga discusión, los dioses decidieron aceptar la oferta del constructor y su precio, con una condición: que el constructor trabajara solo, que el muro se terminara en un invierno y que el constructor aceptara no ser pagado si el trabajo no se termina a tiempo. Seguramente, pensaron, que el constructor no podía trabajar tan rápido y que, por orgullo y torpeza, exageró sus propias capacidades y así les daría la mayor parte de los muros gratuitamente. Los dioses se alegraron cuando el constructor aceptó la oferta e incluso accedieron a su condición de que se le permitiera a su caballo semental Svadilfari ayudarle a transportar las piedras para el muro. Hicieron todos los juramentos que él les pidió y se comprometieron a otorgarle lo prometido si lo lograba y no dejar que ningún dios le hiciera daño mientras estuviera trabajando en el muro. (Esta última promesa era necesaria por el hijo de Odín, Thor, el más fuerte y el más temperamental de los dioses. Nadie ni nada podía hacer frente a los terribles golpes del martillo de Thor, Mjöllnir, y el poder de Thor no le había enseñado nada sobre el autocontrol. Pero incluso para Thor, un juramento era un juramento y no se podía romper).

¡Menudo caballo era Svadilfari! ¡Su velocidad, su fuerza, las piedras que podía mover! Trabajó incansablemente, día y noche y tres días antes de que terminara el invierno la construcción estaba casi terminada, tan solo faltaba la entrada. El muro era tan alto y fuerte que los dioses no podían fingir estar descontentos y el trabajo avanzaba tan rápido que los dioses no dudaron de que el muro estaría terminado a tiempo. Se reunieron para debatir la única cuestión que quedaba: ¿quién de ellos tuvo la terrible idea de aceptar la oferta del constructor? Culparon al sospechoso habitual en tales casos: a Loki.

Ahora bien, Loki, el hijo de un gigante, era quizás el más inteligente de los dioses, aunque ciertamente no el más sabio; estaba lleno de ideas ingeniosas, pero rara vez pensaba en sus consecuencias a largo plazo. No negó que había sugerido algo que le pareció brillante a todos los demás en aquel momento. Cuando lo capturaron y amenazaron con torturarle y matarle si su sugerencia les llevaba a perder a Freya y la luz, se aterrorizó y les juró que se aseguraría de que el constructor no terminara el trabajo. Le dejaron ir y confiaron en su promesa de retenerlo, a sabiendas de que sin su ayuda no verían la forma de salir de este mal negocio.

Aquella noche el constructor fue al bosque con su caballo semental para transportar la piedra. Se regocijó en su corazón, al pensar en Freya y también en la rabia y la humillación de los dioses. De esta manera, no se dio cuenta de que una yegua relinchaba en las profundidades del bosque. Tampoco percibió su olor en el viento. Pero Svadilfari sí lo hizo. Relinchó, sacudió la cabeza, arrancó la brinda de las manos de su amo y salió galopando hacia la oscuridad para perseguir a la yegua que huía delante de él veloz y en silencio, como una sombra. El constructor corrió detrás de él, gritando y maldiciendo, pero los caballos ya estaban muy lejos.

El constructor, a pesar de toda su fuerza y habilidad, no podía transportar la piedra por sí mismo. El último día del invierno, los dioses le anunciaron que su trabajo estaba inacabado y que tendría que irse sin cobrar. Su furia fue tan intensa que destrozó su ropa y se presentó ante ellos en su propia forma: un gigante de hielo, deseoso de dañar a los dioses que habían destruido a Ymir. Thor, al ver eso, sacó su martillo de trueno y le dio un golpe que lo destrozó en un instante.

Así que se construyó el muro y los dioses se quedaron con Freya, el sol y la luna. Pero la historia de cómo los dioses habían engañado al gigante se extendió por todas partes y solo aumentó el odio de los otros gigantes de hielo y su determinación de vengarse. Mientras el resto de los dioses festejaban y celebraban, Odín reflexionaba sobre cómo y cuándo vendría esa venganza. Y Loki, once meses después, volvió a tomar la forma de una yegua y dio a luz a un buen y fuerte potro, al hijo de Svadilfari. El potro era una verdadera maravilla, de ocho patas y extraordinariamente fuerte y rápido. Odín se lo quedó para montarlo durante sus viajes más largos.

Notas:

La historia de la guerra entre los Aesir y los Vanir se cuenta muy brevemente por Snorri Sturluson en la *Saga de los Ynglings* y también, con algunas diferencias en los detalles, en *Skáldskaparmál*. Para la construcción y la fortificación de Asgard, he seguido en su mayoría el relato de Snorri en el *Gylfaginning* (véase *Notas* del Capítulo 1). Sin embargo, Snorri dijo que Asgard era la misma ciudad que la Troya de los griegos. La mayoría de los comentaristas parecen pensar que fue una adición posterior y, por lo demás, las historias griegas y nórdicas no parecen mezclarse muy bien, así que he excluido esa afirmación.

Muchos de los dioses nórdicos son cambiantes y aparecen en forma de dioses, hombres y mujeres mortales; en forma de pájaros (a menudo con la ayuda de las plumas de Freya o, a veces, de Frigg) o en forma de otros animales. Loki el embustero, sin embargo, adopta un número inusual de formas incluso para un dios nórdico y esta es la única historia que conozco que presenta un cambio de sexo además de un cambio de especie. He usado el término *dioses* aquí y en otras partes de este libro, para referirme a deidades tanto masculinas como femeninas. La disposición física y la ubicación de Asgard son bastante desconcertantes. Snorri dice, en el mismo cuento, que Asgard está conectada a los otros mundos solo por el puente del arco iris para evitar una invasión. Por otro lado, al igual que Troya, esta ciudad de Midgard necesitaba muros para mantener a los gigantes alejados. Las Eddas poéticas también ofrecen desconcertantes y aparentemente contradictorias visiones de dónde y qué es Asgard. Quizás eso es lo adecuado: los mortales no son capaces, ni tienen la intención, de entender completamente los caminos y las obras de los dioses.

Capítulo 3. ¿Por qué Odín tiene un ojo y Tyr una mano?

La fuente de la sabiduría

Odín no se contentó con quedarse observando, esperando y preocupándose por el ataque de los gigantes. Se esforzó mucho para obtener la sabiduría para evitar la destrucción de Asgard y Midgard. Más adelante, cuando se volvió lo suficientemente sabio para saber que quedarían destruidos a pesar de todos sus esfuerzos, seguía luchando para aprender lo suficiente como para retrasar esa destrucción lo más posible.

La búsqueda de la sabiduría lo llevó más allá de los muros temporalmente seguros de Asgard. Asgard y todos los mundos que hay crecen en Yggdrasil, el fresno del mundo. En la base de Yggdrasil, se encuentra una profunda fuente. Beber de sus aguas da sabiduría y quizás también extraños poderes. Las historias solo han llegado de forma confusa a aquellos de nosotros que nunca hemos dejado la seguridad de Midgard y ni hemos bebido de esas aguas.

Algunos relatos cuentan que tres mujeres se sientan entre la fuente y el árbol. Estas mujeres se llaman nornas y son inmortales (sin la necesidad de las manzanas de Idun) y también son sabias más allá de los sueños de los dioses. Cada día y cada noche esculpen signos rúnicos en el tronco de Yggdrasil y, a medida que su savia atraviesa esas grabaciones, el destino de todos los mundos cambia. Las nornas conocen y comprenden el destino, pero no responden a las preguntas de los dioses ni de los hombres.

Odín sabía que no debía preguntarles, pero también sabía lo que necesitaba saber sobre lo que significaban las runas. Dejó su glorioso palacio en Asgard y se aferró a una rama del fresno del mundo. Odín solo conocía una forma de ser considerado digno de sabiduría y esa forma consistía en sufrir voluntariamente. Así que se clavó su propia lanza y se colgó cabeza abajo de Yggdrasil, helado y sacudido por el viento que sopla entre los mundos, durante nueve días y nueve noches. No comió ni bebió ni aceptó ayuda de nadie. Al final de esos días, las runas se le aclararon en la mente; comprendió lo que había llegado a comprender y cayó del árbol mientras gritaba.

En otra ocasión, Odín no se contentó con lo que había aprendido al contemplar las imágenes en el agua. Ansiaba beber de la propia fuente de la sabiduría. Pero no podía conseguirlo sin el permiso de su guardián Mímir. Nadie sabe ahora si Mímir era un gigante o un dios o algo totalmente diferente, pero se recuerda que era sabio y terrible como las nornas. Mímir estaba igual de indispuesto a responder preguntas que las nornas y (como bebía regularmente de la fuente de la sabiduría) Odín era incapaz de engañarle. Así que se le acercó a Mímir para explicarle su tremenda necesidad de sabiduría. Mímir le dijo que podía beber si iba a pagar el precio.

—¿Qué precio es ese? —preguntó Odín.

—Solo el ojo derecho de Odín —respondió Mímir.

Odín pagó ese precio. Volvió a Asgard sangrando, más triste y más sabio; y cuando se sentó en el alto asiento de Valaskjalf y contempló los mundos, los vio con un solo ojo.

El encadenamiento de Fenrir

Loki el embustero era un peligro para los otros dioses en muchos sentidos. Cuando no se le ocurrían ideas astutas y peligrosas, engendraba hijos aterradores con la giganta Angrboda. Una de tales criaturas era Hela, la diosa de corazón frío y cruel. Los dioses la desterraron a un gélido rincón del inframundo, donde reinaba sobre los muertos que no tenían la suerte de ser elegidos para Asgard. Su gran salón se llamaba Eljudnir, las camas que ofrecía a sus reacios huéspedes se llamaban Enfermedad y sus mesas estaban llenas de Hambre. Otro de los hijos de Loki era la enorme y feroz serpiente Jörmungandr, también llamada la Serpiente de Midgard. Viendo lo rápido que crecía y lo hambrienta que estaba, los dioses la arrojaron en el gran mar. Siguió creciendo allí y al final dio la vuelta al mundo y se tragó su propia cola por su terrible hambre. Pero Odín escuchó la profecía de que en el fin del mundo la Serpiente de Midgard escupiría su cola y se levantaría para devorar a los dioses.

El último, pero no menos importante, de los hijos de Loki y Angrboda era el gran lobo llamado Fenrir. Cuando era pequeño, los dioses solían sonreír ante su ferocidad, y lo criaron y alimentaron. Pero a medida que iba creciendo, se hacía más y más grande, más fuerte y más violento. Solo el dios Tyr, que era tan valiente como Thor, pero dotado de más paciencia y autocontrol, se atrevía a acercarse lo suficiente para alimentarlo. Entonces los dioses descubrieron que, según la profecía, Fenrir también se volvería contra ellos en el fin del mundo. Le trajeron una enorme cadena a Fenrir y le pidieron que les permitiera atarlo para ver si podía liberarse; sería, dijeron, una prueba de fuerza. Fenrir aceptó y rompió la cadena con facilidad. Los dioses se alarmaron. Forjaron otra cadena aún más fuerte y más grande, la que sin duda ningún ser vivo podía romper. Fenrir tuvo un poco de miedo cuando la vio, pero quería mostrar su fuerza, así que aceptó a que se le atara. Cuando volvió a liberarse, su orgullo y su deleite fueron aterradores para contemplar.

Los dioses habían hecho todo lo posible, pero sabían que los enanos eran los más hábiles de entre todos los herreros. Así que pidieron a los enanos una cadena que no se pudiera romper. Los enanos cumplieron con la petición. Lo que fabricaron no fue una cadena enorme como las que los dioses habían forjado. No parecía más que una cinta de seda. Pero en lugar de seda, estaba hecha con el sonido de los pasos de un gato, la barba de una mujer, las raíces de una roca, los tendones de un oso, el aliento de un pez y la saliva de un pájaro. Los dioses miraron dudosos a esta delgada cinta, pero la estiraron con todas sus fuerzas y ninguno de ellos pudo romperla. Cuando se la llevaron a Fenrir le aseguraron que podía romperla fácilmente y deseaban con desesperación estar equivocados.

Fenrir, sin embargo, estaba empezando a ser tan ingenioso como fuerte. Dijo que, si rompía una cosa tan ligera, no le daría ninguna gloria, pero si había algún truco, si esa cosa ligera estaba hecha de magia y no de seda, entonces su fuerza difícilmente podría salvarlo y no iba a dejar que le ataran. Los dioses le aseguraron que, si no podía romper una cosa tan fina como esa, no tendrían razón para temerle y le dejarían libre. Eso, observó Fenrir, era fácil de decir mientras estaba libre y una vez atado no podría vengarse, aunque le hubiesen engañado. Sus garantías no lograron convencerle. No obstante, le avergonzaba un poco que pensaran que tenía miedo y aceptó dejarse atar si uno de los dioses colocaba su mano en la boca de Fenrir, hasta que él volviera a ser libre.

Los dioses se miraron con inquietud y la mayoría no estaban dispuestos a arriesgarse. Pero Tyr se adelantó y puso su mano derecha en la boca de Fenrir y entonces el gran lobo permitió que los dioses le ataran.

La cinta se sentía ligera y suave al principio, pero a medida que el lobo luchaba por salir libre se hacía más fuerte y los esfuerzos de Fenrir por salir solo conseguían atarle más firmemente. Los dioses se reían al contemplar sus dificultades y al saber que estaban a salvo de él. Pero Tyr no se rió cuando las mandíbulas del lobo se cerraron sobre su muñeca.

Los dioses podrían haber matado a Fenrir entonces, tan indefenso como estaba, pero no estaban dispuestos a hacerlo. Habían criado a Fenrir, él había sido un huésped para ellos y el asesinato de un huésped era una manera segura de traer un mal destino. No es que dejarlo vivo prometiera seguridad a largo plazo, porque las profecías decían que en el fin del mundo Fenrir se liberaría y mataría a Odín.

Pero Odín prefería correr ese riesgo antes que sufrir la maldición que cae sobre los que tratan mal a sus huéspedes.

Aun así, fuera o no un huésped, nunca se atrevieron a perderlo. Ataron su cadena a una gran roca arraigada. Allí permanece sentado mientras el mundo perdura y sus aullidos hacen temblar la tierra a lo largo de kilómetros a su alrededor. La espuma de su boca forma un gran río y él y los dioses esperan, ellos en la lejanía y él con la rabia y el anhelo, a que llegue el fin del mundo. Pero hasta que llegue, los dioses están a salvo de él... todos menos Tyr, que ahora solo tiene la mano izquierda.

Notas:

Los cuentos de la fuente de Mímir y del hallazgo de las runas provienen de fragmentos de las Eddas poéticas, de los poemas *Völuspá* y *Hávamál*. Debido a que los cuentos son tan fragmentados, muchas cosas son inexplicables. El cuento del encadenamiento de Fenrir proviene totalmente del *Gylfaginning* de Snorri. Los he agrupado aquí porque los dos son cuentos de dioses que sufren voluntariamente para preservar el mundo. La mano perdida de Tyr compró un tiempo de descanso para los dioses; y aunque Odín deseaba obtener la sabiduría por su propio bien (y veremos más de eso en el próximo capítulo, así como un aspecto menos egoísta de su carácter), al final todo su conocimiento y sabiduría estaban empeñados en posponer el día temible, dejando que Asgard y Midgard prosperaran en belleza y orden el mayor tiempo posible antes de la gran destrucción del Ragnarök.

El peligro de matar o maltratar a los huéspedes en el mundo de los mitos nórdicos se ilustra en el siguiente capítulo y se volverá a mencionar más adelante en este libro.

Capítulo 4. El aguamiel de la poesía

Cuando los Aesir y los Vanir se cansaron de su guerra e hicieron un tratado de paz, lo sellaron con el intercambio de rehenes, como se describe en el capítulo 2. Además, también sintieron la necesidad de otro signo de paz en el que todos participasen. Cada uno de los dioses y diosas de ambos lados de la guerra escupieron en una jarra. Entonces pensaron que este signo de paz era algo demasiado valioso como para descartarlo y lo convirtieron en un hombre llamado Kvasir. Kvasir compartía los dones de todos los dioses cuya saliva le había formado, por lo que su sabiduría era asombrosa. Nadie consiguió nunca hacerle a Kvasir una pregunta que no pudiera responder y, de esta manera, recorrió todos los rincones del planeta respondiendo a preguntas de dioses, hombres y otros seres.

Muchos de los curiosos que se le acercaban le agradecían sus dones y le honraban. Pero algunos tenían malas intenciones y el propio Kvasir, con toda su sabiduría, no sabía lo suficiente como para desconfiar de ellos o protegerse. Cuando llegó a la casa de dos enanos que le instaron a entrar para que pudieran hablar con él en secreto, aceptó su petición de buena gana. Pero tan pronto como la puerta se cerró, lo mataron y recogieron su sangre, con la idea de quedarse con toda su sabiduría para ellos solos. Durante un tiempo tuvieron éxito. Preparaban aguamiel con una mezcla de miel y sangre de Kvasir y cualquiera que bebiera ese aguamiel se convertía en un bardo y un sabio. Cuando los dioses vinieron a preguntar qué había pasado con su muy querido Kvasir, los enanos dijeron que se había ahogado en su excesiva sabiduría, ya que nadie había conseguido hacerle preguntas con la suficiente sabiduría o amplitud como para sacar el exceso. Los dioses aceptaron esta historia y dejaron que los enanos disfrutaran de sus ganancias mal conseguidas.

Sin embargo, pasado un tiempo, la codicia de los enanos fue su perdición. Asesinaron a otros dos invitados, gigantes que acudieron a ellos con confianza y amistad; pero el hijo de esos gigantes, que se llamaba Suttung, al enterarse de lo que habían hecho, los capturó y los habría matado si no le hubieran ofrecido el aguamiel de la poesía a cambio de sus vidas. Suttung aceptó el intercambio; tomó el aguamiel y, al ser más honesto que los enanos, les dejó vivir, aunque cabe esperar que advirtiera a otros viajeros que no se refugiaran en su casa. Escondió el aguamiel en una cueva en la roca e hizo que su feroz hija Gunnlod la protegiera día y noche.

Odín escuchó que los gigantes tenían el control de un poder de extraordinaria sabiduría y decidió quitárselo. Él tuvo que comprar la sabiduría de Mímir y las nornas abiertamente y a costa de su propio dolor; sin embargo, también sabía que los gigantes no le darían nada de buena gana, ni tampoco él les iba a suplicar. Así que se propuso conseguir lo que quería por medio de la traición.

Odín se disfrazó de un vagabundo, se dio el nombre de Bölverkr y viajó al país donde vivía Suttung. Allí se encontró con nueve hombres, sirvientes del hermano de Suttung, Baugi. Los hombres estaban guadañando un campo y quejándose de lo desafiladas que estaban sus guadañas. Bölverkr sacó una piedra de afilar, se ofreció a afilar las hojas como es debido y enseguida las hizo más afiladas de lo que cualquier hoja tiene necesidad o derecho a ser. Los trabajadores, impresionados, preguntaron si podían comprar la piedra. Dijo que la vendería y exigió un alto precio. Cada hombre juró pagarlo y le pidió a Bölverkr que le vendiera la piedra solo a él, no a sus compañeros de trabajo. Así que Bölverkr lanzó la piedra al aire y los nueve hombres se apresuraron a atraparla tan desesperadamente que se mataron entre ellos con sus guadañas recién afiladas.

Bölverkr fue a la casa de Baugi y encontró a Baugi desconcertado por la pérdida de sus trabajadores en el momento más crítico de la temporada, cuando no se podía contar con ninguna otra ayuda. Bölverkr se ofreció a hacer el trabajo de nueve hombres durante la temporada de cultivo si Baugi le pagaba en invierno con un trago de aguamiel de Suttung. Baugi dijo que no tenía control sobre Suttung o el aguamiel, pero que al menos pediría un trago en nombre de su trabajador. Bölverkr aceptó esos términos y día tras día, hacía el trabajo de nueve. Cuando la cosecha estaba terminada y llegó el invierno, Bölverkr y Baugi fueron a Suttung, quien se negó rotundamente a darles nada. Puede que Baugi se sintiera avergonzado o enfadado, o simplemente temiera que su excepcional trabajador le exigiera alguna otra forma de pago. En cualquier caso, cuando Bölverkr le pidió a Baugi que le ayudara a llegar al aguamiel sin el permiso de Suttung, Baugi aceptó. Bölverkr sacó un taladro y le pidió a Baugi que perforara la roca hasta donde estaba el aguamiel, si el taladro era lo suficientemente afilado. Baugi perforó y anunció que había llegado a la caverna. Pero cuando Bölverkr sopló en el agujero, trozos de piedra volaron hacia su cara y se dio cuenta de que el agujero aún terminaba en piedra sólida. Exigió que Baugi siguiera perforando y Baugi obedeció.

La siguiente vez que Baugi retiró el taladro y Bölverkr sopló en el agujero, las astillas volaron hacia dentro. Entonces Bölverkr se transformó en una serpiente y se deslizó hacia el agujero. Tal vez Baugi se dio cuenta por este cambio, de que su trabajador era algo más de lo que parecía. O tal vez nunca tuvo la intención de hacer el pago. En cualquier caso, intentó matar a la serpiente con el taladro de roca, pero la serpiente fue demasiado rápida y ya había descendido sin problemas al fondo de la caverna donde se guardaba el preciado aguamiel.

La hija de Suttung, Gunnlod, se encontraba allí, por supuesto, vigilando los recipientes de aguamiel. Pero cuando la serpiente que acababa de caer a través de la pared tomó la forma de un hombre hermoso y se ofreció a dormir con ella durante tres noches a cambio de tres tragos de aguamiel de la poesía, Gunnlod pensó que era un buen negocio. Pasó las tres noches con ella y las historias no cuentan que Gunnlod se haya quejado cuando los tres tragos de su huésped drenaron todo el aguamiel que había (Gunnlod, después de todo, puede que no estuviera muy feliz al estar encerrada en una cueva con el tesoro de su padre año tras año). Odín no esperó mucho tiempo para que ella reaccionara; tomó la forma de un águila y salió volando de la boca de la cueva tan rápido como pudo.

Suttung vio al águila levantarse, se dio cuenta de lo que había pasado, tomó él mismo la forma de un águila y salió en una persecución feroz. Odín voló por su vida, se esforzó tanto que escupió unas gotas del preciado aguamiel en Midgard y logró atravesar los muros de Asgard justo antes de que Suttung le alcanzara. Suttung sabía que no tenía ninguna ventaja contra el ejército de los Aesir, así que se fue volando para alimentar su rencor en solitario. Odín escupió el aguamiel en recipientes que se mantuvieron bajo vigilancia en Asgard. Pero, a diferencia de Suttung, no quiso quedarse con toda esa sabiduría y habilidad de palabra para sí mismo. Los grandes bardos nórdicos y los narradores decían que el mismo Odín vino a ellos y les dio a probar el aguamiel de la poesía para que hablaran con belleza, habilidad y sabiduría.

Entonces al igual que ahora, también había poetas inferiores que (al menos según sus críticos) no tenían un don digno de ser atribuido a Odín. Los nórdicos también tenían una explicación para ello: esos poetas de segunda categoría se habían apoderado de alguna manera, no de un profundo trago del aguamiel de Odín, sino del sabor de una de las gotas que escupió al azar mientras escapaba de Suttung.

Notas sobre el aguamiel de la poesía:

Los hechos de esta historia vienen directamente del *Skáldskaparmál* de Snorri Sturluson. Todas las especulaciones sobre los motivos de los personajes son mías.

El personaje de Odín se transforma de una historia a otra. Está el héroe trágico y sacrificado que descifra las runas y consigue el trago del agua de la sabiduría y está el estafador exitoso que roba el aguamiel de la poesía. Se podría decir que en ambos casos Odín es simplemente pragmático, que Mímir y las nornas eran más poderosos que él, así que no podía engañarles; mientras que los gigantes no eran más que sus iguales. Se podría decir que los caminos de los dioses son muy difíciles de entender para los humanos.

Pero un rasgo consistente de la mitología nórdica es la mala suerte que trae maltratar a los huéspedes. Lo veremos con un mayor detalle en las siguientes historias.

Capítulo 5. Loki el ladrón

Muchas historias de la mitología nórdica describen cómo la astucia de Loki le metió a él y a sus compañeros los Aesir en problemas y les sacó de ellos. Aquí tenemos dos historias en las que Loki cambia de lado tan fácilmente como cambia de forma:

Las manzanas de Idun

Hace mucho tiempo, Loki y Odín salieron juntos de Asgard para explorar el mundo. Después de un largo viaje a través de las montañas vírgenes estaban hambrientos. Cuando llegaron a una manada de ganado que estaba pastando, capturaron un buey de grasa fina para ellos, lo mataron y pusieron la carne a cocer. Pero, aunque el fuego ardía de manera feroz y el calor era tan intenso que los dioses se retiraron de él, la carne se mantenía igual de cruda que al comienzo.

Mientras se asombraban por esto, un águila les llamó desde un árbol cercano y les dijo que, si solo le dejaban llevarse una parte de la carne, podrían cocinar el resto a su gusto. Los dioses estuvieron de acuerdo, pero el águila se quedó con los muslos y los hombros del buey. Loki, enfurecido por su codicia, agarró una larga rama y golpeó al águila con ella; pero en cuanto la madera tocó al águila, un extremo de ella se clavó en las garras del águila y el otro, en las manos de Loki. Entonces, el águila llevó a Loki a lo alto del cielo, tan alto que sus pies rozaron las copas de los árboles. Loki gritó, exigiendo y suplicando que lo bajara al suelo, pero el águila solo se rio y siguió volando hasta que los brazos y hombros de Loki ardían de dolor. Finalmente, el águila se ofreció a dejarlo libre y a salvo en el suelo otra vez, siempre y cuando Loki jurara robar a la diosa Idun y sus manzanas de Asgard y llevarlas a la tierra del águila. Loki, que estaba dolorido y asustado y que en cualquier caso nunca había pensado mucho a largo plazo, juró llevar a cabo el robo. Entonces el águila bajó a Loki y él tuvo tiempo, durante la larga caminata de regreso al valle de los bueyes, para pensar en una historia falsa que contarle a Odín sobre por qué el águila lo había capturado y liberado. Mientras viajaban juntos de vuelta a Asgard, Loki pensaba en la mejor manera para cumplir su promesa.

Las manzanas de Idun eran hermosas de ver y dulces de saborear, pero su poder era mucho mayor que su belleza. Solo al comer esa fruta, los dioses se mantenían jóvenes y fuertes mientras pasaban los años, los siglos y las edades del mundo. Así que es lógico que Idun se enorgulleciera de su fruta. Consciente de ello, Loki fue a verla y le dijo en privado que en su viaje había encontrado un manzano que crecía en medio de un gran bosque, un hermoso y prolífico árbol cuyas manzanas eran mucho mejores que las de Idun. Idun, atrapada entre la curiosidad y los celos, aceptó ir con Loki a ver este árbol maravilloso. La persuadió para que llevara sus propias manzanas para compararlas, en caso de que las delicias del manzano silvestre le hubiesen parecido mayores simplemente porque estaba cansado, hambriento y sediento. Entonces, ella se llevó la fruta madura y se apresuró a seguir a Loki al monte silvestre. Cuando ya estaban lejos de Asgard, el águila bajó volando, raptó a Idun y la llevó a su casa en Thrymheim, las montañas del trueno, en medio de Jötunheim, el frío y sombrío mundo de los gigantes. Allí la dejó y le reveló su verdadera forma y nombre: era Thjazi, un gigante de hielo, encantado de ver a los dioses despojados de su fuerza y longitud de sus días. Esto parecía eliminar toda necesidad de los gigantes de declarar la guerra a los dioses: los gigantes podían simplemente esperar con una fuerza inquebrantable hasta que los dioses envejecieran y murieran; y entonces Asgard y todo el mundo estarían en sus manos.

Al principio, parecía probable que los gigantes consiguieran su deseo. Con la desaparición de Idun, la fruta de la inmortalidad ya no crecía en Asgard. Los dioses se preguntaban por su ausencia y temían por ella y también por ellos mismos. Sus cabellos se volvieron grises, sus fuerzas se desvanecieron y sintieron que la vejez se apoderaba de todos ellos. Odín miró a través de los mundos, pero no vio ninguna señal de Idun, que había sido cuidadosamente escondida. Entonces los dioses se reunieron para tratar de recordar quién había visto a Idun por última vez y alguien recordó haberla visto salir de Asgard con Loki.

Capturaron a Loki, lo llevaron ante el consejo y le amenazaron una vez más con tortura o muerte si no lograba traer de vuelta a Idun. Loki suplicó por su vida al consejo tal y como lo había hecho con Thjazi y prometió que traería a Idun de vuelta. Sin embargo, dijo que necesitaría ayuda. Frigg le prestó su capa de plumas que le permitió tomar la forma de un pájaro y, de esta manera, Loki voló hasta Jötunheim en forma de un halcón.

La suerte estaba con Loki ese día. Vio a Thjazi solo en un barco en el frío mar y encontró a Idun también sola en las montañas. No había forma de que escapara a pie y sin la ayuda de nadie, pero estaba deseosa de volver a Asgard. Loki la transformó en una nuez y la tomó entre sus garras y puso rumbo a Asgard.

Pero cuando Thjazi volvió a casa y encontró a Idun desaparecida, adivinó hacia dónde se había ido. Tomó la forma de un águila y voló hacia Asgard. Mucho antes de llegar a la ciudad de los dioses, vio a un halcón volando delante de él. El halcón es un excelente y veloz volador, pero el águila es más rápida y fuerte. Thjazi se aproximó a Loki, quien forzó sus alas y su corazón latió con fuerza mientras se precipitaba desesperadamente hacia la seguridad de su hogar.

Los dioses miraron desde los muros de Asgard y vieron a un halcón y a un águila también. Apilaron virutas de madera seca sobre las paredes y esperaron con antorchas encendidas en sus manos.

Loki pasó por encima de los muros de Asgard y cayó al suelo en su interior, agitado y exhausto. La nuez salió de sus garras, e Idun se levantó y rio de alegría por estar de vuelta en casa.

Los dioses dejaron caer sus antorchas en los montones de virutas y saltaron de las paredes mientras Thjazi, que volaba demasiado rápido y con demasiada fuerza como para girar o detenerse, alcanzó un muro en llamas. El fuego quemó su disfraz de águila. Entonces, cayó al suelo dentro de los muros en forma de gigante y allí los dioses lo mataron.

El cabello dorado de Sif

A veces Loki robaba para salvar su vida y otras veces parece que lo hacía por pura diversión.

Sif era la esposa del hijo malhumorado de Odín, Thor. Su belleza era insuperable y se enorgullecía de su pelo dorado, que brillaba como la luz del sol. Pero un día Loki la vio durmiendo y, sin pensarlo dos veces, se acercó a ella y le afeitó la cabeza. Sif se despertó, descubrió su calvicie, se puso furiosa y se avergonzó. Thor también estaba furioso. Sabía que una cosa tan mezquina e inútil solo la podía haber hecho Loki y entró en el lugar donde se sentaba Loki y prometió romperle todos los huesos del cuerpo. Loki no negó la acusación de Thor, pero pensó que era un precio demasiado alto para pagar por una broma. Le dijo a Thor que no se había hecho ningún daño duradero y juró que pronto le devolvería su hermoso cabello a Sif. En cuanto Thor le soltó, Loki se apresuró a ver a los hermanos enanos Sindre y Brok y les preguntó si podían forjar un hermoso cabello dorado que echara raíces y creciera en la cabeza de una mujer viva. No consta que Loki se ofreciera a pagarles o que les pagara. Parece que estos enanos disfrutaron del trabajo e hicieron el cabello que Loki pidió y, además, crearon otras dos maravillas para que Loki se las presentara a los dioses. Una era una lanza que nunca fallaba su objetivo. La otra era un barco hecho con tales encantos que siempre tenía un viento favorable. Sin embargo, la mayor maravilla de ese barco era que, cuando no se necesitaba, se podía doblar como una servilleta y guardar en el bolsillo.

Quizá al ver tales tesoros Loki se volvió codicioso. Quizá la habilidad de los enanos puso celoso a Loki y él quiso provocarles. Cualesquiera que fueran sus razones, les dijo que seguramente nunca más serían capaces de producir semejantes maravillas. Los enanos se sintieron ofendidos por eso. Loki fue un paso más allá y apostó su cabeza contra la de Brok a que no podrían hacer tres tesoros aún más maravillosos que los primeros. Brok era el asistente, no el maestro herrero en persona, pero tenía una confianza absoluta en su hermano y aceptó la apuesta.

Sindri aceptó el desafío que su hermano le había propuesto. Puso una piel de cerdo en la fragua y le dijo a Brok que maniobrara el fuelle con constancia y sin parar o, de lo contrario, el trabajo se echaría a perder. Brok se puso a trabajar, pero, mientras lo hacía, una mosca se posó en su mano y le picó fuerte. Ignoró el dolor y siguió maniobrando el fuelle hasta que Sindri volvió a abrir la fragua y salió un brillante jabalí con cerdas de oro. Entonces Sindri puso oro en la fragua y se fue, dejando a su hermano las mismas instrucciones que antes. Brok maniobró el fuelle fielmente, aunque la mosca volvió y le picó de una forma aún más dolorosa en el cuello, que palpitaba cada vez con más fuerza, a medida que la fragua se calentaba. Sindri sacó un anillo de oro del horno, echó un poco de hierro y le dijo a su hermano una vez más que maniobrara el fuelle sin cesar, para que la última y la más grande de sus obras no resultara inútil. Brok se puso a maniobrar de nuevo, pero la mosca volvió y esta vez le picó en los párpados, de modo que le salió sangre y le cegó. Brok paró el fuelle por un momento para poder matar a la mosca; y la mosca, que parecía tener un fuerte sentido de supervivencia, se despegó y dejó de molestarle. Pero cuando Sindri volvió por última vez, se enfadó con Brok, diciendo que la interrupción de Brok casi había estropeado el trabajo. Sacó un fuerte y pesado martillo, con un mango terriblemente corto, al parecer estropeado por la distracción de Brok.

Loki estaba esperando en la puerta de la herrería en su propia forma y si entre tanto se hubiera convertido en la mosca que atormentaba a Brok, ni Sindri ni Brok podrían probarlo, ni entonces ni después. Brok tomó los tesoros que su hermano había fabricado y se dirigió junto con Loki a Asgard. Se presentaron ante la asamblea, explicaron la apuesta y mostraron los tesoros. Tres dioses fueron designados para recibir y juzgar los regalos: Odín, Thor y el dios Frey, el hermano de Freya.

Loki le entregó a Thor el cabello dorado (que echó raíces en la cabeza de Sif y creció espléndidamente) y Thor ya no vio la necesidad de romperle todos los huesos. Loki le dio a Odín la lanza que nunca fallaba su objetivo y a Frey, el barco plegable cuyas velas podían llenarse con el viento favorable y llevarlo rápidamente a donde Frey quisiera. Y los dioses se maravillaron y se alegraron.

Entonces Brok dio un paso adelante con el segundo conjunto de regalos. A Frey le dio el jabalí dorado, explicándole que podía correr tan rápido como el mejor de los caballos, que podía correr sobre las olas del mar y los vientos del cielo como si fueran tierra firme y que además brillaría y arrojaría luz allá donde fuere, incluso en la más profunda oscuridad. A Odín le dio el anillo, explicándole que cada novena noche produciría otros ocho anillos tan pesados como este. Y a Thor le dio el martillo de hierro, diciendo que podría golpear la cosa más dura del mundo sin sufrir daño alguno, nunca perdería su marca al ser lanzado y que siempre volvería a la mano de su amo; además, dijo, por orden de Thor el martillo se encogería hasta convertirse en una pequeña cosa fácil de ocultar en los pliegues de su ropa. Brok reconoció con tristeza que el martillo tenía un defecto: su mango era demasiado corto.

Los dioses admiraban la belleza y la perfección de los otros regalos, pero consideraban que el regalo defectuoso, el martillo de mango corto, era el mejor de todos, porque podía ser usado con gran efecto contra los gigantes de hielo. Brok, por lo tanto, había ganado su apuesta.

Loki, alarmado, le empezó a ofrecer regalos costosos para mantener la cabeza sobre los hombros. Pero Brok, tal vez recordando la picadura de la mosca, dijo que no quería nada más que la cabeza de Loki.

—¡Bueno, agárrame entonces! —dijo Loki mientras saltaba.

Pues Loki tenía un tesoro propio: unos zapatos que le permitían correr velozmente por el aire y el mar; mientras que Brok, que no tenía tal cosa, no podía atraparlo. Brok exigió que Thor lo trajera de vuelta, y Thor —quizás agradecido por sus regalos, quizás queriendo evitar la deshonra de los dioses, quizás todavía enfadado con Loki por el pelo de Sif— persiguió a Loki, lo atrapó y lo trajo de vuelta ante Brok y la corte de los dioses.

Loki no rogó, porque no le hubiera servido de nada. En cambio, dijo que Brok se había ganado su cabeza, pero que la apuesta no decía nada sobre su cuello y que, si Brok no podía quitar la cabeza sin estropear su cuello, entonces tendría que irse a casa con las manos vacías. Brok, indignado, invocó un puñal, hizo agujeros en los labios de Loki y le cosió la boca antes de que a Loki se le ocurriera una objeción legal. Ninguno de los dioses parece haber objetado a esto tampoco; tal vez porque la mayoría de ellos habían tenido suficiente con las burlas de Loki, sus mentiras y sus peligrosos consejos. Sin embargo, Loki se las arregló de una forma u otra para que sus labios no fueran cosidos, ya que sus peligrosas palabras aparecen en muchas historias de tiempos posteriores.

Notas:

La historia de las manzanas de Idun y el cabello de Sif aparece en *Skáldskaparmál* de Snorri Sturluson.

Los enanos parecen haber sido un grupo muy variado en el antiguo mundo nórdico: están los codiciosos y asesinos que mataron a Kvasir en el cuento del aguamiel de la poesía y los honorables maestros artesanos en el cuento del encadenamiento de Fenrir y el cuento de Sif.

Capítulo 6. Amor y conflicto

Al parecer, Sif y Thor vivieron felices juntos, excepto por el breve estrés del robo del cabello. Sin embargo, algunas de las deidades nórdicas tenían problemas en los asuntos de amor. Aquí aparecen dos de sus historias:

El matrimonio de Skadi

El capítulo 5 cuenta la manera en la que el captor de Idun, Thjazi, fue asesinado por los dioses después de que secuestrara a Idun y la persiguiera a ella y a Loki hasta Asgard. Cuando Thjazi murió, los dioses festejaron la derrota de otro enemigo y la salvación de Idun y de sus propias vidas. Esa noche volvieron a comer del fruto de la inmortalidad: las canas les desaparecieron del pelo y el cansancio, de sus miembros. De esta manera, supieron que volvían a ser inmortales.

Pero su festín se interrumpió bruscamente cuando la puerta del gran salón se abrió y entró una mujer. Se trataba de una mujer alta y musculosa, con una armadura completa, con nieve en su pelo, fuego en sus ojos y una espada en su mano. Se presentó como Skadi, la hija de Thjazi, que venía a vengar su muerte.

Seguramente los dioses podían haberla atacado juntos y matarla como mataron a su padre o, de forma más honorable, enviar a uno de ellos para que se enfrentara a ella en un combate individual, aunque esto podía suponer un peligro, ya que Skadi era fuerte, entrenada para la guerra y también estaba terriblemente enfadada. Pero los dioses, alegres por su inmortalidad, estaban de buen humor. En lugar de luchar, le ofrecieron un precio de sangre por la muerte de su padre. (Esto no habría sido visto como un soborno; entre los dioses y los hombres de aquellos días, el pago de un precio de sangre era una forma honorable de reconocer a los muertos y evitar interminables derrames de sangre). Skadi les dijo que no necesitaba dinero, ya que su padre era rico y ella era su única heredera. Preguntaron, entonces, qué tipo de precio aceptaría.

Dos cosas quedaron claras: Skadi deseaba que su padre fuera honrado y se sentía muy triste y sola después de su muerte. Los dioses ofrecieron arreglar estas cuestiones. Odín colocó los ojos de Thjazi en el cielo donde permanecieron como estrellas para siempre. Loki prometió hacerla reír, algo que pensaba que no volvería a hacer jamás por el dolor que sentía. Skadi dijo que era libre de intentarlo, pero dudaba de su capacidad. Loki trajo un macho cabrío al salón, le ató una cuerda alrededor de la barba y ató el otro extremo a sus propios genitales. En seguida comenzaron a tirar cada uno para su propio lado, mientras se tambaleaban y chillaban; al final Loki se desplomó en el regazo de Skadi y la encontró riéndose, muy sorprendida.

Con el fin de aliviar su soledad, le dijeron que podría elegir un marido de entre los dioses. Sin embargo, agregaron una condición: que sus futuros candidatos a esposos se cubrieran con mantos para que ella pudiera ver solo sus pies y debía elegir basándose en sus pies. Skadi quería casarse con Balder, el pacificador y el más bello de los dioses y eligió lo que pensó que eran los pies más bonitos que se le presentaron. Pero cuando su marido elegido retiró su capucha, no vio a Balder sino a otro pacificador, el dios del mar Njord, que fue enviado como rehén por los Vanir para establecer la paz entre ellos y los Aesir. Tal vez ninguna de las partes del matrimonio estaba del todo satisfecha; aun así, era preferible que ese festín terminara en matrimonio que en una matanza.

La siguiente cuestión era dónde debía vivir la pareja. Skadi, que era una mujer de las nieves y cazadora, quería que Njord regresara con ella a las heladas montañas de Thrymheim. Njord quería que Skadi viviera con él al lado del mar. Acordaron que él pasaría nueve noches con ella, ella pasaría nueve noches con él y luego decidirían a largo plazo.

Njord se sentía muy infeliz después de pasar nueve noches en Thrymheim. Odiaba el aullido de los lobos; extrañaba el llamado de las aves marinas y el sonido de las olas. Cumplió su trato y se quedó, pero lo más probable es que él y su esposa no gozaron mucho el uno del otro en ese lugar. A continuación, se trasladaron en la casa de Njord en Nóatún. Skadi se sentía miserable allí; odiaba el grito de las aves marinas, que la despertaban a altas horas de la madrugada con lo que le parecía un repugnante chillido. Cuando pasaron los nueve días se marchó sola a Thrymheim, dejando a su nuevo marido solo en Nóatún.

Cómo se ganó a Gerd

El hijo de Njord, Frey, al igual que su hermana Freya, era muy hermoso y portador de una gran alegría. Los hombres le hacían sacrificios en sus bodas y en la época de la cosecha; y Frey adoraba y bendecía todo lo que crecía y era fructífero. Al igual que Freya, Frey era curioso, no tenía miedo y no estaba muy interesado en seguir las reglas de los demás. Así que un día, cuando Odín no estaba, Frey entró en secreto en la bodega de Odín en Valaskjálf. Se sentó en el asiento alto cuyo ocupante podía divisar todos los mundos que cuelgan de Yggdrasil, en el asiento reservado solo para Odín.

Frey miró con asombro a través de los amplios mundos. Vio los vivos fuegos de Muspelheim y al gran gigante Surt que permanece allí, mientras espera al fin, cuando Asgard se encuentre en llamas y se quemen los dioses. Vio a la serpiente de Midgard en las profundidades del Gran Mar. Vio también la belleza del mar agitado y las altas montañas.

Al mirar hacia el norte, vio lo que para él era lo más hermoso y lo más peligroso de todo. Vio una casa de gran altura y belleza, situada en medio de tierras hermosas y fructíferas; allí observó a una figura que caminaba hacia la puerta. La privilegiada perspectiva de Valaskjálf le permitió a Frey observarla con claridad: se trataba de una giganta y era la mujer más hermosa del mundo. Cuando alzó sus manos para abrir las puertas de la casa, Frey sintió su corazón en la garganta y vio cómo el brillo se desprendía de sus manos. La luz que salía de ella iluminaba todos los mundos. Vio su esplendor sobre las olas del mar, las alas de los pájaros marinos, las velas de los barcos. Su brillo estaba en las montañas donde el sol caía sobre el hielo; su luz aceleraba el movimiento de las hojas de todos los árboles en todos los bosques del mundo. Y él la miró de nuevo: una giganta, hija de sus enemigos y de una belleza inconmensurable.

Bajó del asiento alto, dando pasos lentos y caminando con dificultad como en la época en la que Idun fue robada y la vejez cayó sobre los dioses. Pero esta vez fue su corazón el que le dolía y le fallaba, no sus miembros. Volvió a su casa, encorvado y silencioso. No respondió a los que le saludaron. No comió, ni bebió, ni durmió; su rostro se volvió flácido por el hambre y sus ojos se quedaron hundidos por la vigilancia. Pero si alguno de los dioses se volvía a él con preocupación y le preguntaba qué le dolía, él les miraba de una manera tan inhóspita desde su rostro arruinado, que se apartaban y le dejaban con su silencio.

Njord temía por su hijo, pero no se atrevía a hablar con él cara a cara. En lugar de eso, llamó al criado de Frey, a Skirnir, y le dijo que fuera a preguntarle a Frey qué le había traído tanta amargura. Skirnir se mostró muy reacio a emprender esta tarea y argumentó que la respuesta de Frey probablemente no sería muy amistosa. Tal vez temía que Frey le atacara o quizá sabía dónde había ido Frey y temía que en el lugar alto Frey hubiera visto algún horror que pudiera consumir a Skirnir por dentro como había consumido a Frey. Pero puede que fuera más que eso. Skirnir y Frey habían pasado la juventud juntos y habían confiado el uno en el otro durante mucho tiempo; Skirnir adoraba a Frey y quizás más que nada temía saber lo que le debilitaba y ser incapaz de curarlo. En cualquier caso, Njord se volvió cada vez más demandante y finalmente Skirnir aceptó.

Skirnir fue a Frey y se obligó a hablar antes de mirarle a la cara. Se sorprendió cuando Frey le respondió inmediatamente, pero no con golpes o maldiciones, sino con una simple explicación. O al menos la más simple que podía dar. Trató de describir la belleza que había visto. Además, le dijo claramente que, si no se encontraba con esa radiante mujer cara a cara muy pronto y si ella no aceptaba a ser suya, creía que moriría. Finalmente ordenó a Skirnir que fuera a buscar a la mujer para que acudiera a él, con o sin el consentimiento de su padre. Era una tarea desalentadora, dada a la enemistad entre dioses y gigantes, pero Frey prometió recompensar a Skirnir generosamente si lo lograba.

Skirnir aceptó el encargo, pero puso su precio: el caballo de Frey que podía cabalgar con seguridad por los lugares de mayor peligro y la espada de Frey, un arma maravillosa que combatía con maestría por sí misma. Esto ayudaría a Skirnir si se encontraba con problemas en las tierras de los gigantes y si Gerd aceptaba reunirse con Frey, acordó que se los quedaría para siempre. Frey aceptó este trato, porque se dejó llevar por la fuerza de su deseo.

De esta manera, Skirnir cabalgó sobre los solitarios parajes y llegó por fin a la casa de Gymir, el padre de Gerd. Un anillo de fuego rodeaba las tierras de Gymir, pero Skirnir lo atravesó sin problemas y se dirigió hacia las verdes tierras de la propiedad de Gymir, gracias al maravillo caballo de Frey. Sin embargo, los grandes sabuesos de Gymir gruñían y saltaban sobre él mientras trataba de acercarse a la puerta. Skirnir pensó que matar a los perros del padre de Gerd no sería un buen comienzo para ganarse su corazón, así que desvió su caballo y cabalgó por los campos hasta que encontró a un pastor que vigilaba el ganado de Gymir. Skirnir le preguntó a ese hombre cómo podría pasar a salvo entre los perros y hablar con Gerd. El pastor le preguntó a Skirnir por qué estaba tan ansioso por morir. Skirnir respondió que el día de su muerte ya estaba predestinado y que la timidez no lo retrasaría; insistió en hablar con Gerd y se dirigió hacia la puerta y los perros.

Ya sea por los ladridos de los perros o por las objeciones del pastor, el ruido se hizo tan fuerte que Gerd escuchó el escándalo y preguntó qué estaba pasando. Cuando le dijeron que un huésped estaba fuera y exigía ser recibido, ordenó a los sirvientes que sujetaran a los perros y le dejaran entrar, lo que hicieron. Entonces exigió saber quién era, diciendo que no creía que nadie más que un dios pudiera venir a través de los fuegos de la frontera.

Skirnir dijo que no era un dios, dejó de lado otras preguntas y fue directo al negocio de la cortejería. Parece que tomó un enfoque transaccional, más que romántico. Primero le ofreció a Gerd once manzanas de oro puro para comprarle la promesa de que Frey sería su amado. Gerd dijo que ella no quería sus manzanas y que nunca viviría con Frey. Luego le ofreció un anillo muy valioso, uno que Odín le había dado una vez a su muy querido hijo Balder. (No tenemos ninguna historia que explique cómo Frey o Skirnir lo consiguieron). Gerd dijo que su padre era lo suficientemente rico y que esas baratijas no la seducían.

Ante esto Skirnir perdió la paciencia, sacó la maravillosa espada de Frey e informó a Gerd de que le cortaría la cabeza si no aceptaba inmediatamente casarse con Frey. Gerd dijo que no se entregaría a ningún hombre bajo amenaza y además que cualquier daño que se le hiciera sería sobradamente compensado por su padre. Skirnir dijo que su padre no era rival para la espada mágica de Frey. Gerd simplemente le miró con desprecio y no le respondió en absoluto. Y Skirnir —probablemente pensando que Frey no le agradecería ni se recuperaría si Skirnir traía a Gerd muerta— envainó la espada de nuevo. Pero no había abandonado su misión.

Como los regalos de Frey le habían fallado, Skirnir sacó su propio bastón mágico y maldijo a Gerd si continuaba rechazando a Frey. Le dijo que la maldición la alejaría de la casa de su padre y de toda la buena compañía a los fríos parajes cercanos a las puertas del reino de Hela. Le dijo que su cerebro se llenaría de furia y que le dolería el corazón; que su rostro cambiaría horriblemente y que todos los hombres se quedarían asombrados; que ya no desearía comida ni bebida, ni nada en el brillante mundo, salvo el amor de un hombre que nunca le sería dado. Escribió los signos rúnicos de la nostalgia, la locura y la lujuria, con los que la iba a maldecir a menos que le diera su promesa. Aunque no se lo dijo a Gerd, Skirnir parecía desearle los mismos sufrimientos que padecía Frey por no tenerla, ya que Skirnir había adorado a Frey desde la infancia.

Gerd sentía más temor por ese destino que por la muerte. Le dijo a Skirnir que retirara su maldición y le prometió salir a las tierras salvajes en nueve días, conocer a Frey y darle lo que deseaba su corazón.

Skirnir regresó, contento por su éxito y aparentemente sin preocuparse por su manera de conseguirlo: aunque solo le dijo a Frey el resultado y no cómo lo había conseguido. Frey no hizo preguntas, sino que se lamentó por el retraso, ya que muchas veces, dijo, un mes había pasado más rápido para él que cualquiera de las noches en las que tuvo que esperar a su novia. Pero cuando ella llegó, la salud y la felicidad volvieron a él y la alegría se desbordó de él como la luz se desbordaba de ella.

Algunos de sus compañeros dioses estaban menos entusiasmados. Odín escuchó la profecía de que Frey —tras haber entregado su espada maravillosa para ganar el deseo de su corazón— se quedará sin armas el día del Ragnarök cuando los gigantes y monstruos vendrán a luchar contra los dioses y, a falta de esa arma, tanto Frey como los dioses caerán. Odín pudo haberse lamentado por ello, pero fue Loki quien se burló de Frey por ser una criatura estúpida y miope que tiró a la basura su defensa por una chica gigante.

La alegría de Frey por Gerd era demasiado grande para verse disminuida por tales consideraciones. Tenía su alegría presente y no le importaba esperar a los terrores que el futuro pudiera traer.

¿Qué pensaba Gerd? ¿Encontró alguna alegría con Frey? ¿Le dio alguna satisfacción pensar que su búsqueda de ella será finalmente su perdición? ¿Le contó alguna vez que había accedido a acudir a él bajo amenaza? Las historias que nos quedan no responden a ninguna de estas preguntas.

Notas:

La historia de Njord y Skadi viene principalmente de *Gylfaginning* de Snorri Sturluson. El académico Daniel McCoy dice que Skadi fue adorada como diosa en la antigua Escandinavia, aunque su vinculación con los dioses Aesir fue breve.

La historia de Frey y Gerd existe en versiones algo diferentes. Se alude a ella en la Edda poética *Lokasenna* (Los sarcasmos de Loki) y se cuenta ampliamente en la Edda poética *Skírnismál* (Dichos de Skirnir), así como en el *Gylfaginning*. Primero leí la versión en el *Gylfaginning*, la cual describe la visión de Frey sobre Gerd: su desesperado anhelo, su renuncia a la espada y, por lo tanto, a su vida por anhelarla y luego omite el consentimiento de ella para casarse con él (que, según Snorri, es lo que Frey quería). Esta versión parece un cuento romántico bastante dulce. Más tarde, leí *Skírnismál*. La pequeña diferencia es que Frey podría estar buscando una cita, no un matrimonio. El cambio importante, sin embargo, que oscurece la trama son las amenazas de Skirnir a Gerd. *Skírnismál* fue escrito primero y en algunos puntos el *Gylfaginning* lo sigue de cerca. ¿Omite Snorri las amenazas porque la cultura nórdica empezaba a tener un punto de vista algo diferente sobre el consentimiento? Esta pregunta también queda sin respuesta.

Las notas sobre la adoración de Frey provienen de Daniel McCoy en https://norse-mythology.org/

Capítulo 7. Thor la novia

Thor, el hijo temperamental de Odín, era el eterno enemigo de los gigantes. Gracias a su gran fuerza y al poder que le daba el martillo Mjölnir, a menudo se enfrentaba a ellos de forma directa. Algunos gigantes fueron lo suficientemente valientes y estúpidos como para aceptar este desafío; algunos de los duelos que siguieron fueron largos y dramáticos, pero Thor siempre ganaba. Después de un tiempo, los gigantes aprendieron a evitar luchar contra Thor, sin que esto terminara en la enemistad de ambos lados, como se verá en el siguiente relato.

Un día Thor se despertó y no encontraba su martillo. Buscó por toda la casa, en la ciudad, con cada vez más desesperación, pero el martillo no se encontraba por ninguna parte. Como siempre, cuando algo salía sospechosamente mal, Thor sospechaba de Loki y también esta vez fue a verlo para exigirle una explicación por la desaparición del martillo. Loki se las arregló para convencer a Thor de que, por una vez, él no lo había robado y también se ofreció para ir a buscarlo, posiblemente para mantenerse fuera del alcance de Thor en caso de que él comenzara a dudar de su historia. Tomó prestada la capa de plumas de Freya de nuevo y voló a Jötunheim.

Una vez que llegó allí, parece haber tenido una idea astuta de dónde buscar. Ya sea porque tuvo alguna participación en el robo después de todo o porque como ladrón experimentado sabía cómo reconocer a otro ladrón, la historia no lo dice; pero Loki se dirigió a la casa de Thrym (cuyo nombre significa *escandaloso*), el más rico y poderoso de los gigantes. Thrym se encontraba en sus establos, cuidando a los perros y a los caballos: trabajo humilde, tal vez, pero las correas de los perros y los arneses de los caballos eran de oro puro. Se rió cuando vio a Loki bajar, preguntó cómo se encontraban los dioses y quiso saber qué fue lo que le trajo a Loki a la tierra de los gigantes solo. Puede que haya o no haya habido una amenaza en esta última pregunta. En cualquier caso, Loki se apartó de su práctica habitual y le dio una respuesta sincera: los dioses se encontraban en un mal estado y Loki había venido a preguntar si Thrym había escondido el martillo de Thor.

Thrym, al igual que Frey, parece haber estado menos preocupado por la guerra entre los dioses y los gigantes que por sus deseos inmediatos. Respondió con sinceridad que había robado el martillo de Thor y lo había enterrado ocho millas bajo tierra, y que los dioses no lo volverían a ver a menos que le enviaran a Freya para que fuera su esposa. Dejó que Loki saliera libremente para llevar esa demanda a Asgard, cosa que Loki hizo.

Thor fue directo a Freya y le dijo que se diera prisa y se pusiera la ropa de boda para que le devolvieran el martillo. Freya dio un fuerte resoplido lleno de ira, rompió la cadena de su precioso collar y le hizo saber a Thor que sería el hazmerreír de Asgard si dejaba que un gigante la manoseara para recuperar algo que Thor había perdido por mero descuido. Que solucione sus propios problemas, le dijo ella, sin arrastrarla al lodo.

Los dioses se reunieron en un consejo. Entregar a Freya en contra de su voluntad era una idea repugnante, aunque la hubieran podido obligar a irse e incluso si Thrym se hubiera contentado con una Freya que escupía furia e intentaba matarlo. En cambio, dejar a Mjölnir en manos de los gigantes era igualmente impensable.

Heimdal, uno de los dioses más tranquilos y sabios, sugirió que Thor, en lugar de Freya, se pusiera ropa de novia y fuera a encontrarse con Thrym. Thor estaba tan indignado como Freya y argumentó que los dioses le llamarían poco masculino si supieran que había sido visto con ropa de mujer. Loki, pensando en el futuro por una vez en su vida, señaló que, si Thor se negaba a ir, la opinión de los dioses importaría muy poco, ya que los gigantes con la ayuda de Mjölnir podrían venir y destruirlos a todos. Para suavizar la situación o para disfrutar plenamente de la broma, Loki se ofreció a usar también ropa de mujer y a ir como la «sirvienta de Freya» para poder ofrecer la ayuda necesaria para recuperar el martillo antes de que Thrym se diera cuenta de que había sido engañado por su novia.

Thor aceptó, aunque sin ganas, y los dioses lo vistieron con todo el esplendor nupcial, con llaves en la cintura, anillos en los dedos, joyas en el pecho, el collar de ámbar de Freya (con una cadena recién remendada y algo alargada) alrededor del cuello, un velo sobre el rostro y un bonito sombrero en la cabeza. Loki tuvo la precaución de no reírse muy alto, ya que Thor solo había cambiado su ropa, no la forma de su cuerpo. De esta manera, incluso sin su martillo, era lo suficientemente fuerte como para dar una buena paliza a cualquiera que lo ofendiera. «Freya» y su «doncella» se subieron al carro de Thor tirado por cabras y se fueron hacia Thrymsheim con toda prisa.

Thrym las vio venir desde lejos y se alegró mucho. Hizo que sus sirvientes limpiaran el gran salón y exhibieran todos sus tesoros más selectos de manera prominente. Al mirar a todos sus tesoros, dijo que seguramente ya había tenido todo lo bello que se podía desear en el mundo, excepto a Freya, pero ahora también la iba a tener a ella. Hizo que sus cocineros prepararan un gran banquete en su honor.

«Freya» se bajó de su carroza, quizás un poco más pesada de lo que Thrym había esperado, pero se mantuvo con el velo bajado: esto, explicó su sirvienta (igualmente velada), era la costumbre de las diosas modestas antes del matrimonio. Esta modestia, sin embargo, no le impidió a «Freya» comerse un buey entero, ocho salmones y beberse tres toneladas de aguamiel. Thrym se sorprendió y tal vez comenzó a pensar en el gasto de mantener a una esposa así; exclamó que nunca antes había visto a una novia con un apetito tan agudo. Loki, como de costumbre, tenía una excusa a mano: explicó con su voz de sirvienta recatada que Freya había ayunado durante ocho días y ocho noches debido a su anhelo por Jötunheim. Thrym, halagado, aceptó la explicación y se acercó a su novia, deseando besarla, pero sus ojos se encontraron con los de «Freya» y se asustó al ver cómo su mirada ardía. La sirvienta se apresuró a explicar que Freya no había dormido durante ocho noches, tan ardiente era su anhelo por Jötunheim.

La hermana de Thrym se adelantó entonces y dijo que, si Freya quería ser recibida por ella como su queridísima hermana, entonces inmediatamente le daría los anillos de sus dedos en señal de parentesco y amistad. (Este tipo de regalo de la novia parece haber sido habitual, aunque quizá pedirlo descaradamente no lo fuera). «Freya» no respondió y Thrym, al recordar sus ojos ardientes, parece haber decidido que era necesaria una distracción. Llamó a sus sirvientes para que sacaran el martillo de Thor y lo pusieran en las rodillas de la doncella para que pudieran jurar sus votos matrimoniales sobre él.

Los sirvientes obedecieron, pero los votos nunca se hicieron. Tan pronto como el martillo tocó sus rodillas, Thor lo levantó y golpeó al ansioso novio Thrym, y después de él a la hermana que tanto había deseado su oro. Dicen que las únicas criaturas vivientes que salieron del gran salón de Thrym ese día fueron Loki y Thor.

Notas:

La historia de Thor la novia está contada, de forma clara y animada, en la Edda poética *Thrymskvida* (El cantar de Thrym). Es también uno de los pocos cuentos que muestra a Loki clara e inequívocamente ayudando a los dioses, aunque su rápido ingenio y su disposición a engañar aparecen tan claramente aquí como en los otros cuentos.

Capítulo 8. Las aventuras de Thor en Utgard

Después de esto, la relación entre Thor y Loki se hizo más amistosa por un tiempo y un día se subieron juntos al carro de Thor tirado por cabras y se fueron a explorar el mundo. Al final del primer día, llegaron a la casa de un granjero y pidieron alojamiento para pasar la noche. Se les dio la bienvenida como es debido, ya que cualquier hombre o mujer que tuviera una casa y rechazara a un huésped se habría avergonzado; pero el hombre y la mujer de la casa se susurraron ansiosamente entre ellos sobre cómo podrían alimentar a sus huéspedes, ya que había sido un año muy difícil.

Thor escuchó esto y les dijo que no se preocuparan, ya que él proveería la comida. Mató las cabras que tiraban de su carro, las asó en el fuego e invitó a la familia del granjero a comer con él y con Loki. Ellos aceptaron la invitación, pero él les dijo que cuando comieran la carne, tiraran los huesos de las cabras encima sus cueros. Así lo hicieron, pero el hijo del granjero, Thialfi, que estaba muy hambriento, rompió uno de los huesos para chupar la médula.

Esa noche Loki y Thor durmieron en la casa del granjero. Por la mañana, Thor tomó su martillo y bendijo los cueros y huesos de las cabras. En seguida, los huesos se cubrieron de carne y la carne de cuero, y las cabras respiraron y se levantaron del suelo; pero una de ellas estaba coja en su pata trasera, por el hueso que Thialfi había roto. La familia del granjero miraba con asombro, lo que se convirtió en horror cuando vieron a la cabra cojeando y a Thor furioso y levantando su martillo para golpear al culpable. Los cuatro, el granjero, su esposa, su hijo Thialfi y su hija Röskva, se pusieron de rodillas y pidieron clemencia, prometiendo dar todo lo que tenían como compensación por lo que Thialfi había hecho. Sabían, sin embargo, lo poco que podían ofrecer. Además, habían oído historias de la terrible ira de Thor y estaban desesperados por obtener su misericordia.

Thor, al ver el terror en sus ojos, sintió que la ira se le pasaba. Les dijo que se levantaran y juró que les iba a dejar vivir. Sin embargo, les dijo a Thialfi y Röskva que le siguieran y le sirvieran, lo cual hicieron. Thor fue a pie, su cabra estaba coja, Loki caminó junto a él y los nuevos sirvientes de los dioses les siguieron, llevando el equipaje que había estado en el carro de la cabra. Viajaron por tierras tan nuevas para los dioses como para los niños y, al anochecer, estaban vagando por un bosque sin senderos.

Pero cuando pensaron en refugiarse para pasar la noche, llegaron de repente a un gran salón, con una puerta abierta que recorría todo el ancho de la amplia pared frontal. Pegaron un grito para anunciar su llegada y pedir hospitalidad, pero nadie respondió. Cuando entraron, no encontraron ni ocupantes ni muebles y parecía que había algo que estaba mal en la forma de las paredes. Sin embargo, les pareció mejor que dormir al descubierto en el bosque salvaje, así que se quedaron dentro, aunque prefirieron no alejarse demasiado de la puerta de la entrada. Pero cuando se despertaron durante la noche y sintieron que la tierra temblaba bajo ellos, Loki y los sirvientes se escabulleron a un pasillo lateral más estrecho, mientras Thor vigilaba cerca de la puerta con Mjölnir entre sus manos. A continuación, hubo un terrible sonido de trueno y un extraño quejido de viento. Thor no durmió, pero ningún enemigo visible vino a pelear. Por la mañana se levantaron y se fueron apresuradamente, esperando pasar la siguiente noche en una mayor tranquilidad.

No habían ido muy lejos cuando volvieron a oír los terribles truenos y quejidos. Al acercarse cautelosamente al origen del sonido, entraron en un claro y vieron a un hombre enorme que yacía profundamente dormido en el bosque y roncaba con fuerza. Thor era considerado alto y fuerte, pero parecía un niño junto a ese hombre dormido. Thor puso sus manos en el cinturón que contenía sus reservas de poder, reunió todas sus fuerzas y levantó el Mjölnir. Mientras lo hacía, el hombre se despertó y se puso en pie, elevándose sobre los dioses y sus sirvientes. Entonces, dicen, por primera vez en su vida Thor tuvo miedo. Solo con un esfuerzo mantuvo su voz firme mientras preguntaba el nombre del extraño.

El desconocido se llamaba a sí mismo Skrymir. Dijo que no tenía la necesidad de preguntar el nombre de Thor, pero se preguntaba qué había hecho Thor con su guante (el de Skrymir). Entonces, mirando a su alrededor, caminó a través de los árboles y regresó con lo que Thor consideró como la extraña sala donde él y sus compañeros se habían refugiado durante la noche. Se ofreció a viajar con Thor y sus compañeros y a llevar su bolsa de provisiones. Thor aceptó. Esto fue un alivio para Röskva y Thialfi, que estaban cansados de cargar; pero pronto se hizo evidente que los acompañantes de Thor no podían seguir el ritmo de las grandes zancadas de Skrymir. Skrymir dijo que seguiría adelante y que podrían encontrarse con él a tiempo para la cena. Era una noche oscura cuando finalmente le alcanzaron y les dijo que ya había cenado, pero que podían tomar su propia comida de la bolsa de provisiones y prepararse su cena. Dicho esto, se acostó a dormir. Thor fue a desatar el cordón de cierre de la bolsa de provisiones y fue completamente incapaz de hacerlo.

Thor estaba asombrado por la fuerza que había atado tal nudo. Le avergonzaba despertar a Skrymir y confesar que era demasiado débil para desatar una simple cuerda. También tenía hambre, miedo y estaba dispuesto a pensar que Skrymir se burlaba de ellos y no les deseaba nada bueno. Finalmente, perdió los estribos, se acercó a

Skrymir dormido y le dio lo que debería de haber sido un golpe mortal en la cabeza con el martillo de trueno. Skrymir gruñó, abrió un ojo y dijo que una hoja le despertó al caer sobre su cabeza. Le preguntó si Thor y sus compañeros ya estaban listos para dormir. Sí, Thor dijo tímidamente, que ya se iban a dormir.

Se retiraron y durmieron a cierta distancia de Skrymir. De nuevo, en medio de la noche Thor se arrastró al lado de Skrymir y trató de matarlo. Esta vez, el martillo se clavó en la cabeza de Skrymir, pero Skrymir dijo, sin abrir los ojos, que parecía que le había caído una bellota encima y le preguntó si ya era de día o si Thor quería algo. No, dijo Thor, todavía había tiempo para dormir y que no quería nada.

Se retiró, recapacitó, regresó y dio un último golpe justo cuando la luz salía. Skrymir parpadeó, bostezó y dijo que ya era de día, porque los pájaros le habían echado tierra encima. Añadió que, evidentemente, Thor no podía mantener el ritmo de Skrymir, por lo que era mejor que Thor siguiera solo; pero por consejo de Skrymir, Thor cambiaría su rumbo para evitar el gran castillo de Utgard que se encontraba en su camino, ya que todos sus habitantes eran tan grandes y fuertes como Skrymir y no era probable que miraran con buenos ojos las palabras insolentes de enanos y niños como Thor y sus compañeros. Entonces Skrymir se dirigió a las colinas del norte, llevando todavía la bolsa que contenía las provisiones de Thor y las suyas propias. Thor y Loki no le deseaban buena suerte en su viaje.

Tampoco se desviaron para evitar entrar en Utgard. A Thor nunca antes nadie le había llamado *pequeño* y *débil*, y él nunca antes había tenido miedo. Tal vez el miedo era lo que más le preocupaba y decidió enfrentarlo. Además, tenía a Loki a su lado y se podía contar con él para recordar y contar, posiblemente con adornos dramáticos, cualquier cosa vergonzosa que le sucediera a Thor. Thor esperaba que Loki hubiera dormido durante sus infructuosos ataques a Skyrmir, pero Loki ciertamente había visto su inútil lucha por abrir la bolsa y escuchado las burlonas palabras de Skrymir. No iba a dejar que Loki dijera que Thor, el guerrero más grande de los Aesir, se había alejado por miedo de un enemigo que ni siquiera había conocido. Caminó directo hacia Utgard, hambriento y enojado; y sus compañeros fueron detrás de él.

Llegaron a Utgard al mediodía y miraron con sorpresa a los enormes muros del castillo que se extendían hacia el cielo. Había una reja sobre la entrada. Nadie pareció oír sus golpes y toda la fuerza de Thor no sirvió para abrir la reja, pero al final, se apretujaron entre los barrotes y llegaron a la puerta abierta del gran salón. Allí vieron mesas altas y hombres enormes, la mayoría de ellos tan grandes como Skrymir, que se reían al ver entrar a los pequeños. Thor levantó la barbilla, apretó los dientes y marchó en línea recta hasta que se quedó de pie ante la gran silla del rey de ese lugar, el mismísimo Utgard-Loke. Utgard-Loke le ignoró al principio, y luego sonrió con desdén y preguntó si ese niño de ahí abajo era realmente el dios Thor del que se contaban tantísimos cuentos. Thor confesó su nombre. Utgard-Loke dijo en tono reflexivo que tal vez después de todo Thor tenía algunas buenas cualidades que no se veían a simple vista. ¿Podría Thor hacer algo impresionante, preguntó Utgard-Loke, para ganarse su lugar en el salón ya que no tenían espacio o comida para los débiles?

Loki respondió rápidamente antes de que el temperamento de Thor le incitara a dar una respuesta que hiciera que los mataran a todos. Loki se ofreció a comer más que cualquier hombre presente en el salón. Utgard-Loke llamó a un hombre llamado Logi para que compitiera con Loki y un gran comedero lleno de comida apareció entre ellos. Loki empezó a devorar la comida inmediatamente. Después de todo, había caminado mucho durante dos días sin nada que comer y su apetito parecía ser tan vivo como su astucia. De hecho, se encontró con Logi, que había empezado desde el otro extremo, en el punto medio del comedero. Sin embargo, Loki vio que mientras él se había comido toda la carne del comedero, Logi también se había comido los huesos y el comedero mismo. En este caso, incluso el propio Loki no podía afirmar que había ganado en esa ronda.

Entonces, Thialfi habló y se ofreció a competir contra alguno de los hombres de Utgard-Loke en una carrera a pie. Utgard-Loke llamó a un simple muchacho llamado Hugi, que era más pequeño que la mayoría de la gente de Utgard y lo puso a correr contra Thialfi. Thialfi corrió, y Thor, observando, pensó que incluso entre los dioses Thialfi habría sido considerado como un hombre de pies rápidos; pero Hugi tocó el poste de la meta y se volvió para encontrarse con Thialfi en el camino. Utgard-Loke dijo que tal vez Thialfi acababa de empezar a calentar sus piernas y que deberían darle otra oportunidad. Thialfi corrió aún mejor que antes, pero Hugi le superó por una distancia aún mayor. Utgard-Loke pidió una prueba más. Thialfi, temblando de cansancio, corrió tan fuerte como pudo, pero antes de llegar a la mitad del recorrido Hugi ya había llegado al final.

Utgard-Loke preguntó qué era lo que podía hacer el propio Thor. Thor, que era aún más reacio a rechazar un concurso que a perderlo, sugirió un concurso de bebida. Así que Utgard-Loke le ofreció un cuerno para beber, diciendo que los hombres fuertes de Utgard podían bebérselo de un solo trago, los medianos de dos y los más débiles de tres. Thor tomó el cuerno y bebió, pero el licor del cuerno parecía no tener fin; al final, cuando su cerebro se tambaleaba y sus pulmones ardían, lo bajó de sus labios y vio que apenas había cambiado de nivel. Utgard-Loke sacudió la cabeza y dijo que nunca hubiera creído, si no lo hubiera visto con sus propios ojos, que Thor era un bebedor tan insignificante; pero, por supuesto, que se le podía dar otra oportunidad. Thor bebió de nuevo, pero, aun así, cuando paró para tomar aire, el cuerno estaba casi lleno y Utgard-Loke dijo que claramente la reputación de Thor era muy exagerada. Thor bebió de nuevo con todas sus fuerzas y cuando bajó el cuerno de sus labios, el licor en él se redujo visiblemente, pero el cuerno seguía estando aún medio lleno.

Utgard-Loke declaró que no estaba impresionado, pero amablemente le ofreció a Thor la oportunidad de compensarlo con algún otro juego. Thor aceptó de mala gana intentar cualquier juego que Utgard-Loke le propusiera, y Utgard-Loke dijo que le parecía correcto dejarle probar un juego que los niños de Utgard disfrutaban: el de levantar el gato de Utgard-Loke. Se trataba en efecto de un gato bastante grande, pero solo un gato, al fin y al cabo. A Thor le avergonzó que le dieran una tarea tan fácil. Se acercó y se dispuso a levantar el gato con una mano. ¡Pero qué gato era ese! Era terriblemente pesado, más pesado que un gato de hierro, pero flexible y elástico como un gato de cera en un día caluroso de verano. Lo trató de levantar con ambos brazos, y su vientre se elevó mientras lo hacía, pero sus pies permanecieron en el suelo. Se esforzó muchísimo y al final solo logró levantar una pata del suelo, pero sus otras patas estaban completamente estiradas y seguían en el suelo, entonces las fuerzas de Thor se agotaron completamente. Utgard-Loke se encogió de hombros y dijo que no se podía esperar nada mejor de un hombre tan pequeño.

Avergonzado y lleno de ira, Thor se ofreció a luchar contra cualquier hombre en el salón. Utgard-Loke respondió desdeñosamente que ningún hombre se rebajaría a luchar contra un tipo tan débil e infantil como Thor había demostrado ser, pero si Thor estaba tan interesado en la lucha libre, podía intentar luchar contra la vieja enfermera de Utgard-Loke, Elli. La anciana se levantó y parecía tan frágil y tan vieja, con sus manos temblorosas y su piel fina y suelta en su cuerpo, que a Thor le daba pena luchar contra ella; pero cuando Utgard-Loke le sugirió que tenía miedo de una anciana, Thor se mordió los labios y salió a su encuentro. Y, aunque parecía frágil, era inamovible. Todos los esfuerzos de Thor por levantarla, tirarla o derribarla fueron inútiles; ella estaba de pie como una estatua de perfecta fragilidad, una estatua de piedra. Pero cuando ella dobló su peso contra Thor, él se sintió debilitado como lo había estado cuando las manzanas de Idun fueron robadas, y cayó de rodillas. Utgard-Loke suspendió el partido entonces, y dijo que, aunque Thor y sus compañeros no se hubieran ganado un lugar merecido por sus grandes hazañas, aún así era casi de noche y sería una lástima dejar a esos pequeños e inofensivos hombrecillos fuera en la oscuridad y el frío. De modo que esa noche se les ofreció comida y un lugar para dormir.

Por la mañana, Utgard-Loke les dio un abundante desayuno y los llevó a las puertas. Cuando pasaron la reja y se detuvieron de nuevo en la llanura, Utgard-Loke le preguntó a Thor cómo le había gustado su viaje y si había conocido a algún hombre más poderoso que él. Thor dijo honestamente que no podía pretender no haber sido avergonzado y se le encogió el corazón al pensar que la gente de Utgard se burlaría de él, por su debilidad, para siempre.

Utgard-Loke se mostró pensativo ante esto. Finalmente dijo que, ahora que estaban fuera de los muros del castillo, le diría a Thor la verdad: que ninguno de los habitantes de Utgard se burlaría de Thor por su debilidad o se encontraría de buena gana con él de nuevo, porque el poder de Utgard-Loke no estaba en su fuerza sino en su habilidad con las ilusiones mágicas. Había tomado la forma de Skrymir, lanzó un hechizo para parecer enorme a los ojos de Thor y de sus compañeros, y ató con hierro el saco de provisiones cuando Thor no estaba mirando. Se mantuvo despierto durante toda la noche y cada vez que Thor se enfrentaba a él con Mjöllnir, lanzaba otro hechizo de ilusión y de cambio de distancia, de modo que Thor clavaba el martillo en la montaña y no en su cabeza. La montaña, añadió Utgard-Loke, estaba ahora mucho más desgastada.

La gente de Utgard había sido engrandecida por la magia, como el mismo Utgard-Loke; y Utgard-Loke había lanzado hechizos más intensos y potentes cuando organizó concursos y tareas para los dioses y sus sirvientes. El oponente de Loki, Logi, que devoraba carne y huesos, tenía un aspecto humano solo gracias a la habilidad de Utgard-Loke; no era ni un hombre, ni un dios, ni un gigante, sino el mismo fuego salvaje. El chico Hugi que ganó la carrera tan fácilmente contra Thialfi no era un ser físico en absoluto, pero tenía un aspecto humano por arte de magia de Utgard-Loke. Y en cuanto a las tareas de Thor, el cuerno de la bebida que se le ofreció fue el propio mar, hecho más pequeño por los poderosos hechizos del espejismo; Utgard-Loke y sus gigantes se asustaron cuando vieron el profundo trago que Thor tomó de él (y esa prueba burlona cambió el curso del mundo, ya que el gran sorbo de Thor creó las primeras mareas bajas en el gran mar). En cuanto al gato gris, no se trataba de ningún gato en absoluto, sino de la Serpiente de Midgard astutamente disfrazada, y Utgard-Loke tembló cuando vio a Thor levantar una de sus patas del suelo. Y la última y peor de las pruebas, la lucha contra la anciana era tal que nadie podía esperar ganar; porque no era una anciana, sino la vejez misma, contra la que ni siquiera los dioses podían luchar.

Después de esta explicación, Utgard-Loke añadió que sería mejor tanto para Thor como para él mismo si nunca se volvían a ver; porque la fuerza de Thor era mayor de lo que Utgard-Loke había imaginado y había consternado a toda la gente de Utgard, pero Utgard-Loke confiaba en sus poderes de engaño para salvarse de la ira de Thor, y quizás humillar a Thor de nuevo por un tiempo, si Thor insistía en ponerlo a prueba.

Thor, al oír esto, se puso furioso y de repente se sintió confiado de nuevo, y levantó el Mjöllnir en el aire para darle un golpe mortal. Pero antes de que pudiera clavar su martillo en la cabeza de Utgard-Loke, la cabeza y el gigante habían desaparecido. Thor dio entonces un gran paso hacia la puerta del castillo y habría dejado el lugar en ruinas, pero antes de que su pie tocara el suelo, la puerta, el muro y el salón habían desaparecido, sin dejar nada más que una llanura vacía con el viento silbando sobre ella. Thor se quedó mirando fijamente al vacío durante mucho tiempo y luego volvió a casa, asombrado y avergonzado. Loki vino después, riéndose en su corazón y atesorando los cuentos con los que algún día se burlaría de Thor. Y de hecho, llegó el día en el que se burló, aunque eso no trajera mucha alegría a ninguno de los dos dioses. Pero ese cuento vendrá más adelante en este libro.

Notas:

La historia de Thor y Utgard-Loke viene del *Gylfaginning* de Snorri Sturluson. He alterado ligeramente la ortografía del nombre del rey gigante para ayudar a distinguirlo del dios embustero, Loki; de hecho, tanto el nombre del dios como el del gigante aparecen en inglés como Loke o como Loki indistintamente.

La historia es extraña y desenfadada, pero también con características muy peculiares: la insistencia de Thor en viajar a Utgard incluso después de conocer a Skrymir, y sus repetidas pruebas las que estaba condenado a fallar. Por ello, me parece que está relacionada con los aspectos más profundos de los mitos nórdicos. Para todo el trabajo al que Odín dedicó la mayor parte de su pensamiento y Thor la mayor parte de su fuerza, la defensa de Asgard y Midgard contra los gigantes y los monstruos, el hielo y el fuego, era también un trabajo condenado a fracasar al final, como Odín sabía al menos desde el principio de los días. Se esperaba que los dioses, así como los hombres, asumieran tareas en las que sabían que no podían evitar fracasar. La gloria vino, no de la victoria final, sino del coraje para enfrentarse a la derrota final.

Capítulo 9. Odín el anfitrión y Odín el invitado

Había una vez un rey llamado Hrauthung que tenía dos hijos, Agnarr y Geirröd. A finales de otoño, cuando Agnarr tenía diez años y Geirröd ocho, salieron a pescar juntos en un barco en el mar. Tenían la intención de quedarse cerca de la costa, pescar unos pocos peces pequeños y volver a casa; pero un gran viento se levantó y sopló desde la tierra, y mientras los chicos hacían todo lo posible por remar de vuelta a casa, su fuerza no fue suficiente frente a esa ráfaga. El barco fue llevado al mar y los chicos se dieron por perdidos. Cuando se hizo de noche, los muchachos sintieron que su bote se estrelló contra una piedra. Trataron de llegar a tierra, con frío y miedo y escucharon el aullido de los lobos. Entonces vieron una luz que venía de la ventana de una casa de campo. Se apresuraron hacia la luz y tocaron la puerta. La puerta se abrió y un hombre y una mujer dieron la bienvenida a los muchachos, encendieron el fuego y les trajeron comida y bebida.

Por la mañana los muchachos estaban agradecidos de estar vivos y bien atendidos, pero estaba claro que no podían volver a casa. Su barco estaba destrozado y no sabían hasta dónde o por qué caminos les había llevado el viento. Además, en cualquier caso, había llegado el invierno: el viento aullaba como un gran lobo, impulsando el aguanieve y la nieve. Los chicos estaban consternados, pero los campesinos dijeron que con gusto les mantendrían durante el invierno y les ayudarían a encontrar el camino a casa en primavera.

Así que los muchachos se quedaron. La mujer cuidaba de Agnarr, el heredero del rey, mientras que el hombre cuidaba de su hermano menor Geirröd. Mientras que la cabaña de campesinos carecía del esplendor y la comodidad del palacio del rey Hrauthung, a Geirröd le pareció que su nuevo hogar era mejor de una manera: el campesino le contaba historias maravillosas, le enseñaba muchas habilidades y le contaba secretos. Geirröd no se dio cuenta de que esto se debía a que el hombre era el propio Odín disfrazado, mientras que la mujer era la diosa Frigg, la esposa de Odín. Durante todo el invierno, los dioses mantuvieron sus disfraces y los niños se quedaron con ellos.

Al llegar la primavera, el viento se volvió ligero y la nieve dejó de aferrarse a la tierra. Entonces, el hombre sacó una barca y la pareja llevó a sus hijos adoptivos a la orilla y se despidió de ellos. El hombre se quedó hablando en privado durante mucho tiempo con Geirröd antes de que le dejara marchar. Después los chicos se subieron a la barca y un viento suave y favorable les llevó de vuelta a casa, justo al lugar donde habían desembarcado. Geirröd fue el primero en bajar de la barca; y cuando Agnarr se levantó para seguirle, Geirröd cogió los remos, los tiró a la orilla detrás de él y dio un gran empujón a la barca. Agnarr cayó de nuevo en la barca y Geirröd gritó, «¡Vete ahora donde el mal te lleve!» Y un viento salvaje se levantó y devolvió la barca de nuevo al mar.

Geirröd miró a su alrededor y vio que nadie había visto lo que le había hecho a su hermano. Entonces se dirigió desde la playa al gran salón de su padre, mientras ensayaba una mentira acerca de cómo Agnarr había muerto en el mar y él se había salvado. Pero el rey Hrauthung nunca escuchó aquella mentira. Cuando Geirröd entró en la sala, se encontró con que su padre había muerto y fue recibido de nuevo no como el príncipe perdido, sino como el nuevo rey.

Años después, Odín en su propia forma subió a Valaskjálf, miró a los mundos y volvió a Frigg riendo. Le dijo que había visto a su hijo adoptivo Agnarr en una cueva engendrando hijos con una giganta, mientras que su propio hijo adoptivo Geirröd había llegado a ser rey.

Frigg estaba furiosa por esto, pero logró reír fríamente:

—¡Pues menudo rey que es tu hijo adoptivo! —le dijo a su esposo—. Le enseñaste bien los deberes de un anfitrión. Es tan tacaño que tortura a sus invitados si piensa que son demasiados para alimentarlos sin tener pérdidas.

Odín negó esta acusación de manera rotunda. Era una de las peores cosas que se le podía decir a alguien, sin embargo, parece que no estaba del todo seguro de tener la razón. Desde Valaskjálf, podía ver todos los lugares, pero no podía verlo todo a la vez; y Frigg era una adivina con sus propias maneras de saber las cosas. Así que Odín hizo una apuesta con Frigg de que ella estaba equivocada, y luego se disfrazó de un hombre mortal de nuevo y se dirigió a pie al gran salón del rey Geirröd.

Frigg sabía muy bien que lo que había dicho sobre Geirröd era mentira, pero pensó que había una manera de hacerlo realidad para ganar la apuesta y que Odín dejara de pavonearse de que su hijo adoptivo le había robado el reino al suyo. Envió a su criada Fulla al rey Geirröd antes de la llegada de Odín. El rey Geirröd la recibió como un rey debe recibir a sus invitados y la criada le advirtió que había un peligroso mago suelto en el reino de Geirröd que bien podría tratar de encantar al propio rey. Era un maestro de los disfraces, pero, sin embargo, dijo, podía ser reconocido por una señal segura: ningún perro se atrevería a ladrarle. El rey se tomó la advertencia a pecho. Tenía motivos para saber que la traición era posible y a menudo exitosa. También pudo haber temido que un mago tuviera alguna forma de saber lo que le había hecho a su hermano Agnarr y también temía la reacción de su pueblo al saber esa verdad.

Más tarde ese día, un extraño llegó a la puerta del rey Geirröd. Se trataba de un hombre alto, cansado y envuelto en un manto azul. Los perros más feroces del rey Geirröd estaban encadenados a la puerta después de la advertencia de Fulla, pero cuando vieron al vagabundo, no le ladraron ni saltaron. Uno de los guardias preguntó quién era el forastero, mientras que el otro corrió a advertir al rey. El segundo guardia regresó rápidamente con varios hombres armados y procedió a agarrar al extraño, quitarle las armas, atarle los brazos y llevarlo ante el rey Geirröd.

El rey interrogó al extraño detenidamente, pero él en su ira y orgullo se negó a decir nada más que su nombre, el cual dijo que era Grimnir. El rey Geirröd le pidió que hablara y diera un relato completo de sí mismo: sus orígenes, sus intenciones y su peculiar efecto sobre los perros o, de lo contrario, esto podía acabar mal para él. Cuando Grimnir se mantuvo impasible ante esta amenaza, el rey ordenó a sus guardias que ataran a Grimnir a una silla y lo pusieran cerca de dos fuegos hasta que el humo le ahogara y le dolieran los ojos y el calor del fuego quemara su ropa y su pelo. Aun así, Grimnir no quiso hablar. Así que el rey Geirröd ordenó a los guardias que dejaran a su sospechoso invitado allí hasta que hablara, que alimentaran el fuego regularmente y que no le dieran nada al invitado.

A lo largo de ocho días se obedecieron estas órdenes. Los soldados del rey Geirröd sabían que maltratar a un huésped traía una maldición de los dioses, pero seguramente sabían que desobedecer a su rey también traería un castigo inmediato. El que finalmente se apiadó del extraño no fue un soldado ni un sirviente, sino el propio hijo del rey, un niño de diez años al que su padre, tal vez por burla, tal vez por arrepentimiento o tal vez simplemente para mantener la mentira de que lloraba a su hermano que se había perdido por una trágica desgracia, había llamado Agnarr.

El joven Agnarr se compadeció del hombre que sufría tanto y no quería ceder. El muchacho no se atrevió o no fue capaz de liberar al huésped, pero le trajo un cuerno con aguamiel y le habló amablemente, lamentando la crueldad de su padre con alguien que no le había hecho ningún daño.

Grimnir había guardado silencio bajo la tortura y la amenaza, pero la amabilidad del chico le hizo hablar. Se quejó de su dolor, su hambre y de que nadie se había movido para ayudarle excepto Agnarr. A continuación, dijo que solo Agnarr gobernaría a los godos a partir de entonces y que sería recompensado con más riquezas que cualquier mortal por ofrecer una sola bebida.

Los guardias corrieron a decirle al rey Geirröd que su extraño invitado finalmente había hablado. El rey vino y se sentó a escuchar con su espada medio desenvainada posada en su rodilla, pero Grimnir solo se dirigía al muchacho, diciéndole que había sido saludado y bendecido por el mismísimo Odín. Entonces, aunque ni Agnarr ni su padre se dieron cuenta al principio, Grimnir empezó a responder a la pregunta del rey y a hablar de sus orígenes. Larga y tiernamente describió la belleza del brillante Asgard, los grandes banquetes en el salón de Odín (y el hecho de que Odín no comiera nada en ese festín, sino que solo bebiera. Aunque Grimnir no lo mencionó en ese momento, la bebida elegida por Agnarr era su favorita), el brillante salón donde vivían Thor y Sif, el gran salón de Frigg donde vivían los muertos que no iban al salón de Odín (nombró a Frigg sin amargura; posiblemente se arrepintió de haber elegido a Geirröd en lugar del hijo adoptivo de ella y, en cualquier caso, no debió de conocer el recado de Fulla), el lugar de la paz de Balder donde no podía pasar nada malo y mucho más. Pero había tristeza en su voz; de vez en cuando hacía una pausa en su lista de esplendores y decía que así permanecería «hasta que los dioses sean destruidos». Su charla dejó Asgard entonces y bajó a Midgard, describiendo cómo Odín y sus hermanos dieron forma al mundo por primera vez a partir de la carne de Ymir.

Y entonces Grimnir levantó la cabeza y su mirada atravesó el techo de la sala. Su cara se volvió temible y sus ojos se encendieron. Dijo que había levantado su rostro al cielo y que desde el cielo vendría la ayuda. Entonces empezó a decir sus propios nombres. Dio muchos nombres a sus disfraces humanos (Grim, el Encapuchado, Gangleri, el Vagabundo, y más...) y a sus atributos divinos (el Muy amado, el

Derrocador, el Contador de la verdad, el Engañador, el Amplio de sabiduría...) Al final, se llamó a sí mismo El padre de todo y Odín. Y luego le dijo al rey Geirröd que había bebido demasiado y actuado con demasiada precipitación y que no podría buscar ayuda del cielo, porque la espada que le destruiría ya había sido desenvainada y su cuerpo herido pronto yacería a los pies de Odín. Diciendo esto, Grimnir llamó a los poderes de Odín a sí mismo.

El rey Geirröd saltó, levantó su espada y se apresuró hacia su invitado. ¿Pensó en matarlo mientras aún era vulnerable en su forma mortal? ¿Quería cortar las ataduras, liberar a su huésped y pedirle perdón a Odín? No tuvo la oportunidad de hacer ninguna de estas dos cosas. Tembló de miedo, la espada cayó de su mano y él se desplomó encima de la hoja, de esta manera muriendo en el acto. Odín desapareció entonces y nadie sabe lo que él y Frigg se dijeron cuando se encontraron de nuevo en Asgard. Pero justo después de la muerte del rey Geirröth, el niño Agnarr fue nombrado rey inmediatamente. Gobernó durante muchos años y podemos suponer que fue infaliblemente cortés con sus invitados.

Notas:

Esta historia se cuenta en el poema *Grímnismál* de la Edda poética (Los dichos de Grímnir). Mucha de la narración actual está en el prólogo en prosa y el epílogo, mientras que la mayor parte de la poesía está dedicada a la lista de los muchos nombres de los dioses y sus moradas.

La historia no dice explícitamente que Odín le dijo a Geirröd que dejara a su hermano a la deriva, aunque parece implicarlo. Tampoco cuenta lo que le pasó al primer Agnarr y a su giganta. Los caminos y planes de los dioses siguen siendo inescrutables, pero las reglas de conducta con los huéspedes humanos parecen estar bastante claras.

Capítulo 10. La maldición de Andvari

Un día Odín y Loki dejaron Asgard para explorar el mundo. Llegaron a un río y caminaron a lo largo de sus orillas. De repente, Loki vio una nutria encima de una roca del río con un salmón recién pescado. Tiró una piedra y golpeó a la nutria en la cabeza, así matándola. Entonces Loki recogió la nutria, el salmón y se enorgulleció de haber matado a dos bestias con una sola piedra. A continuación, los dioses siguieron su camino.

Al anochecer, llegaron a una casa. Un hombre les abrió la puerta y les preguntó qué querían. Pidieron alojamiento, dijeron que ya tenían comida y le mostraron la nutria y el salmón al dueño de la casa, que se llamaba Hreidmar. Él pareció pensativo, pero les dio la bienvenida y les dijo que entraran, se quitaran los zapatos, dejaran sus pertenencias y estuvieran tranquilos. Así que Loki dejó a un lado los zapatos que le permitían correr a una gran velocidad por tierra, aire y agua, y Odín dejó la lanza que nunca fallaba su objetivo. Mientras tanto, Hreidmar se fue con la nutria y el salmón, diciéndoles a los dioses que tendrían su comida preparada en breve.

Pero en cuanto desapareció de su vista, Hreidmar llamó a sus hijos Fafner y Regin y les mostró la nutria muerta. Lo supieron al verla, al igual que su padre, que esta nutria muerta era su hermano, que había heredado la habilidad de Hreidmar como hechicero y que, a menudo, pasaba sus días en forma de nutria. Los tres hombres acordaron que debían pedir un pago o vengarse. Entonces volvieron con sus invitados, que estaban tranquilos y con la guardia baja. De repente, los hijos apuntaron sus cuchillos contra sus gargantas mientras Hreidmar les ataba. En cuanto se aseguraron de que no podían moverse ni escapar, Hreidmar les dijo a los dioses que habían matado a su hijo y que pagarían por ello de una forma u otra.

Encerrado en el salón de Geirröd, Odín había invocado sus poderes divinos y se había salvado. Pero, esta vez, quizás los hechizos de Hreidmar le impidieron a hacerlo o puede que lamentara la muerte del hijo de Hreidmar y deseara arreglarlo. En cualquier caso, los dioses prometieron pagar el rescate de sus vidas con todo el dinero que el afligido padre pudiera exigir. Entonces él se retiró, despellejó la piel de la nutria muerta y les dijo que la llenaran y la cubrieran con oro. Loki hizo un juramento de que, si lo dejaban ir, iría a buscar el oro y lo traería de vuelta, en lugar de huir. Hreidmar también se quedó con los zapatos de Loki, como un incentivo adicional para su regreso.

Loki no regresó a Asgard para obtener el oro. En su lugar, fue a otro estanque en el arroyo: había oído que un enano llamado Andvari, que era increíblemente rico, vivía junto al río y a menudo nadaba allí en forma de lucio. Loki encontró y atrapó al gran pez y le dijo inmediatamente que entregara todo su oro o sino moriría e iría directamente a la fría sala gobernada por Hela. Entonces, el pez volvió a tomar la forma de un enano y llevó a Loki a su tesoro. Allí entregó todo el oro que tenía, excepto un pequeño anillo que trató de esconder en su mano. Loki vio lo que hizo y le exigió el anillo también. Andvari le rogó a Loki, diciendo que, si solo pudiera conservar el anillo, su riqueza crecería de nuevo. Con más razón, dijo Loki, que debía entregar el anillo. Andvari accedió, pero maldijo el anillo al entregarlo, diciendo que traería el mal a todos los que lo poseyeran. Loki se expresó satisfecho con eso y dijo que se aseguraría de transmitir la palabra de la maldición, junto con el anillo, a quien recibiera el tesoro; parece que no pensó que la maldición también le afectaría a él.

Loki se apresuró a volver a Odín y le mostró el tesoro: los montones de oro y también un pequeño anillo. A Odín le pareció que el anillo era hermoso y decidió quedárselo. Loki, por lo que cuentan las historias, no consideró oportuno hablarle de la maldición a Odín. Entonces, llamaron a Hreidmar y le mostraron el resto del oro. Hreidmar vertió el oro dentro de la piel de nutria hasta que tomó la forma de su hijo y se levantó; luego amontonó el resto del oro sobre ella. Los dioses dijeron que la piel de nutria estaba rellena y cubierta de oro y que habían cumplido su trato, pero Hreidmar, mirando de cerca el montículo del oro, encontró un pelo que sobresalía de él y dijo que seguían siendo sus prisioneros hasta que ese pelo se cubriera. Odín entregó el anillo con gran desgana. Entonces Hreidmar reconoció que el rescate había sido pagado, dejó a sus invitados libres, le entregó a Odín su lanza y a Loki, sus zapatos. Pero Loki, una vez que se había puesto sus zapatos, se rio de Hreidmar y le dijo que su tesoro estaba sujeto a una terrible maldición que le destruiría a él y a los hijos que le quedaban.

Hreidmar miró sombríamente a sus antiguos prisioneros y les dijo que si se hubiera dado cuenta de que pagarían su deuda con tanta malicia, los habría matado y rechazado el precio de la sangre. Loki, sin reírse más, dijo que la maldición se extendería mucho más allá de los hijos de Hreidmar y traería la desesperación y la muerte a muchos héroes. Hreidmar respondió con firmeza que por su parte tenía la intención de disfrutar del oro en paz durante el resto de su vida, que sus amenazas no le conmovían en absoluto y que era mejor que se despidieran. Así lo hicieron.

Nadie recuerda ahora si Hreidmar ocultó su miedo a la maldición por su ira y orgullo, o si la belleza del anillo y la lujuria por el oro habían alejado todo lo demás de su mente. Mientras estaba admirando el oro, Regin y Fafner exigieron su parte del precio de la sangre por su hermano. Hreidmar se negó rotundamente y ellos no se atrevieron a insistir. Hreidmar era un hábil hechicero, además de un hábil espadachín y también poseía un yelmo encantado que infundía un terror enfermizo en los corazones de todos los que lo miraban; no era un hombre con el que uno se pudiera cruzar sin experimentar peligro. Así que Fafner y Regin se fueron en silencio, pero una vez que estuvieron fuera del alcance de su padre se murmuraron el uno al otro que el viejo era injusto, que Óddar había sido su hermano, así como el hijo de su padre, que el oro era abundante, hermoso; el anillo el más bello de todos y que seguramente su padre era un tonto codicioso que buscaba guardarse todo eso para sí mismo... Se llevaron el uno al otro a una ira y codicia cada vez mayor y, finalmente, acordaron tomar el oro por la fuerza. No en una lucha abierta, porque dudaban de sus posibilidades de esta manera. Pero por la noche —cuando el Heidmar soltó su yelmo de terror, su espada y se quedó soñando con su hijo muerto, o tal vez con sus nuevas riquezas— Fafner se acercó a su cama y lo apuñaló y luego se apresuró a recoger el oro para sí mismo.

Hreidmar, moribundo, llamó a su hija Lyngheid y ella se acercó a él y lloró por él; pero cuando él la instó a vengarse, ella dijo que no le correspondía a una hermana atacar a su hermano. Hreidmar la miró con tristeza y le dijo al fin:

—Si no eres tú, entonces tu hijo, cuando tengas un hijo; o el hijo de tu hijo...

Y murió así en su ira y su dolor, deseando la maldición a sus descendientes con su último aliento.

Regin, mientras tanto, también había venido a por el tesoro, pero vio que Fafner había llegado antes que él y llevaba puesto el yelmo de terror de su padre en la cabeza y tenía la espada de su padre en la mano. Cuando Regin le recordó sus palabras sobre la hermandad y la justicia y le pidió su parte del tesoro, Fafner se rio fríamente y dijo que como había matado a su propio padre por el tesoro, no era probable que le diera nada a su hermano o que le perdonara la vida, si el hermano era lo suficientemente tonto como para persistir en exigir lo que era demasiado débil para ganar.

Regin tenía miedo de su hermano y dejó el tesoro, aunque el anhelo por él suponía una carga en su cuerpo y una enfermedad en su mente. Fue a su hermana Lyngheid y le preguntó cómo podía quitarle el tesoro a Fafner. Ella, al igual que ante Hreidmar, no estaba muy dispuesta a planificar una venganza y le dijo que podía pedir su parte de la herencia en términos pacíficos y fraternales, o que podía irse y dejar que su hermano se quedara con el oro, ya que no debía haber más asesinatos de familiares por esto.

Regin abandonó ese lugar, aunque no dejó de pensar en el tesoro. Sin embargo, Fafner se llevó el oro al Brezal de Gnita, allí lo esparció en un lecho brillante, se puso el yelmo de terror de su padre y tomó la forma de un dragón. El dragón Fafner brillaba como el oro y era tan mortal como la maldición que yacía en el tesoro y el miedo a él se extendió por todas partes. Regin también le temía y sabía que nunca podría vencerlo por la fuerza, pero Regin era paciente y astuto: se consoló pensando que podría ser capaz de manipular a otro hombre para que buscara la venganza y el tesoro en su nombre. Veremos cómo le funcionó este plan en el siguiente relato.

Notas:

Esta parte de la historia del anillo del nibelungo se cuenta en el *Skáldskaparmál* de Snorri Sturluson, y también en la Edda poética *Reginsmál.*

Capítulo 11. Regin y Sigfrido

Regin se trasladó a lo que esperaba que fuera una distancia segura de la casa maldita y vacía de su padre y del páramo salvaje donde Fafner, convertido en dragón, estaba protegiendo el oro maldito. Después de su travesía, Regin llegó a la corte del rey Alf. Fue bienvenido allí, porque era un hombre sabio y también un hábil herrero. Se ganó muchos honores, tantos que con el tiempo se convirtió en el padre adoptivo de Sigfrido, el hijastro del rey. El rey Alf se había casado con una mujer sabia y hermosa que le trajo dos dotes además de su belleza y sabiduría: un gran tesoro y un hijo, ambos regalos de su difunto marido Sigmund. Si queremos entender la vida de Sigfrido, debemos contar algo de la historia de Sigmund. Sigmund provenía de un linaje de hombres poderosos; algunas historias dicen que los Völsung, el pueblo de su padre, descendiente del mismo Odín. Ciertamente, esa raza era orgullosa, valiente y fuerte, pero rara vez eran felices. La vida de Sigmund había sido llena de amargura. De niño, fue testigo de la muerte de su padre y sus hermanos a manos de su hermanastro. Él mismo fue torturado y habría muerto si su hermana no lo hubiera rescatado. Vivió mucho tiempo escondido y al final vengó las muertes de sus parientes, pero su hermana eligió quedarse y morir con su marido, y él dejó ese lugar en soledad y tristeza. Su hijo primogénito murió por valor y orgullo y su primera esposa también murió. Pero en su vejez, Sigmund oyó hablar de la hermosura y sabiduría de Hjördis, la hija del rey Eylimi. Sigmund viajó a la corte de Eylimi y cuando vio a Hjördis, la alegría se apoderó de él y lo renovó casi como las manzanas de Idun renovaban a los dioses cuando envejecían. La quería desesperadamente como su esposa. Pero no era su único pretendiente. El joven rey Lyngi, el señor de un gran reino, también vino a cortejar a Hjördis y su deseo era tan fuerte como el de Sigmund.

El rey Eylimi estaba preocupado y no sabía cómo responder a los pretendientes por la mano de su hija. Pensó que una negativa enfurecería a cualquiera de los dos y no sabía cuál sería el peor enemigo: Lyngi estaba al mando de un mayor ejército, pero Sigmund era un luchador legendario y se sabía que era un mal enemigo. Además, había rumores de su linaje divino y sería insensato oponerse a un hombre favorecido por los dioses. También se sabía que, aunque los dioses no habían considerado oportuno intervenir y salvar la vida del padre de Sigmund, el enemigo del padre de Sigmund estaba ya muerto y derrotado...

Mandó llamar a Hjördis y le presentó a los pretendientes. Le habló maravillas de cada uno y le dijo que decidiera por ella misma sin la intervención de él. Hjördis analizó el asunto con seriedad, consciente de su importancia, pero finalmente eligió a Sigmund por su fama y su valentía. Sigmund estaba encantado con su elección, se dio un festín con Eylimi y cada día que pasaba era mejor y más glorioso que el anterior, pero Lyngi se fue a casa lleno de rabia.

El rey Sigmund y su esposa regresaron al país de Sigmund y al poco tiempo de llegar a su hogar, Lyngi invadió sus tierras por la fuerza. Su ejército superaba en número al de Sigmund, pero envió mensajeros para decir que habían oído hablar del valor de Sigmund y que seguramente no se escabulliría ni se escondería... Sigmund, que valoraba su reputación más que a su vida, movilizó su ejército, pero escondió a Hjördis y sus tesoros en lo profundo del bosque.

Cuando se unió a la batalla, Sigmund luchó con la fuerza de un hombre joven y la habilidad desarrollada en sus huesos durante largos años de lucha, por lo que su ejército logró hacer maravillas mientras le seguían. Sin embargo, en un momento de tregua, un anciano se le acercó a Sigmund: se trataba de un viejo tuerto que llevaba una capa, un sombrero descuidado y un bastón con el que golpeó a Sigmund. Sigmund le devolvió el golpe con su espada, pero la espada se rompió en su mano a la vista de ambos ejércitos. Entonces el miedo se apoderó de los hombres del ejército de Sigmund y él mismo comprendió que su buena fortuna se había alejado de él. Pues reconoció que el tuerto era Odín, que ahora luchaba en contra del hombre que podría haber sido su descendiente. El ejército de Sigmund fue destruido y Lyngi avanzó triunfante hacia el castillo, con la intención de apoderarse de Hjördis y del tesoro; pero se encontró con que ambos habían desaparecido.

Mientras tanto, Hjördis llegó sigilosamente al campo de batalla por la noche y se encontró con Sigmund, terriblemente herido, pero no muerto, y comenzó a tocarle y a ver si podía curar sus heridas. Pero Sigmund le dijo que Odín ahora luchaba contra él y que no tenía más deseos de vivir. Le dijo a su esposa que guardara tres cosas: el oro escondido, los fragmentos de su espada y el hijo en su vientre, que un día sería más grande de lo que había sido su padre.

Hjördis se quedó sentada junto a su marido durante toda la noche. Pero cuando la primera luz amaneció, el alma de Sigmund le dejó y las Valquirias se la llevaron a la sala de Odín, aunque es difícil imaginar lo que Sigmund pudo haberle dicho a su gran antepasado en su primer encuentro en ese mundo. Y Hjördis levantó los ojos y vio una flota de barcos que venían hacia ella con la luz del sol en sus velas. Estos barcos pertenecían al príncipe Alf, hijo del rey Hjalprek. Alf contempló con horror a los muertos. Entonces Hjördis le contó todo lo que había pasado y cuando vio que se trataba de un hombre reflexivo que la honraba por su sabiduría, se entregó a sí misma, a su tesoro y a su hijo para que cuidara de todos ellos.

Navegaron de vuelta al reino de Hjalprek y tan pronto como el hijo de Hjördis nació, le llevaron ante Hjalprek, quien admiró sus ojos brillantes y le profetizó grandes cosas. Entonces Hjördis se casó con Alf y ella y su hijo, gozaron de un gran honor en la corte mientras que Regin se convirtió en el padre adoptivo del niño.

Regin era un hombre inteligente y un hábil instructor. Enseñó a Sigfrido a jugar al ajedrez, a hablar en los numerosos idiomas de los hombres y a entender algunas de las runas secretas. Sigfrido era un alumno ágil, fuerte en cuerpo y mente, sin miedo a nada y en todos los sentidos era el hijo de su padre. Escuchaba ávidamente todo lo que Regin le decía. Pero cuando Regin empezó a preguntarle si tenía control sobre la riqueza que había sido de su padre, Sigfrido respondió alegremente que el rey Alf la guardaba por él y sin duda lo hacía mejor de lo que el propio Sigfrido podría hacer, siendo todavía un niño.

Regin, sin embargo, siguió adelante con sus artimañas. Preguntó si Sigfrido confiaba realmente en ellos para que le dieran lo que era suyo cuando fuera mayor y observó que hasta ahora ni siquiera le habían dado un caballo. Esto se debía a que Sigfrido aún era joven, pero como la mayoría de los muchachos, se consideraba lo suficientemente mayor para cualquier cosa e inmediatamente fue a pedir un caballo.

Tal y como Sigfrido esperaba, el rey Alf le dijo que podía elegir su propio caballo y cualquier otra cosa que su corazón deseara. Pero Sigfrido solo quería el caballo, aunque no estaba seguro de cómo elegir el mejor. No le pidió consejo a Regin. Tal vez las palabras de Regin que cuestionaban la consideración que el rey Alf le tenía habían dejado al muchacho un poco dudoso de lo mucho que su padre adoptivo le respetaba. En cualquier caso, se fue solo y, en su camino, se encontró con un viejo barbudo que le preguntó a dónde iba. Sigfrido le explicó su recado y sus dudas y el viejo se ofreció a ayudarle. Al llegar al lugar donde pastaba la tropilla, el desconocido propuso a llevarla a un río salvaje. Todos los caballos se paraban a dos patas con miedo y no querían entrar en el río, todos menos uno, un joven semental gris nunca antes montado, que se lanzó al agua sin miedo. Sigfrido, con los ojos muy abiertos, eligió a ese. El viejo le dijo que era una buena elección, ya que ese caballo descendía del caballo de Odín, Sleipnir, y no había mejor caballo en todas las tierras de los mortales.

Sigfrido llamó Grani a su caballo y al pasar un rato con él, ni se dio cuenta cuando el viejo se fue. Volvió con su padre adoptivo y le dijo felizmente que le habían dado a elegir y que ahora tenía el mejor caballo del mundo.

—Así que tienes un caballo —dijo Regin—. Al igual que la mayoría de los hombres que no son hijos de reyes. Me parece que nunca te darán el tesoro de tu padre. Pero conozco el sitio donde hay un tesoro para los victoriosos y allí también obtendrías el honor.

Sigfrido sacudió la cabeza ante la sombría predicción de Regin sobre el tesoro de su padre, pero se inclinó hacia adelante con entusiasmo cuando Regin le habló de un nuevo tesoro y una aventura.

—¿Dónde? —preguntó.

Regin le dijo que hablaba del oro apilado en el Brezal de Gnita bajo la atenta mirada del dragón Fafner. Sigfrido se quedó mirando fijamente con los ojos muy abiertos. Era solo un niño, pero había oído hablar de ese dragón, tan grande como una montaña, tan veloz como el viento del norte, tan ardiente como el horno de Muspelheim, tan feroz y terrible que ningún rey o héroe se había atrevido a enfrentarse a él. Si era eso a lo que Regin se refería, Sigfrido pensaba que sus posibilidades de conseguir algo más que una muerte rápida serían muy escasas.

Regin sacudió la cabeza entonces, diciendo que los Völsung tenían fama de ser muy valientes, pero o bien las historias habían sido muy exageradas o el linaje estaba en decadencia. Sigfrido dijo enfadado que no pretendía ser el hombre que su padre había sido, pero Regin no tenía ningún derecho a llamarlo cobarde si él, como un niño medio crecido, no se enfrentaba inmediatamente a un terrible dragón. ¿Y por qué, exigió saber, tenía Regin tantas ganas de que se enfrentara a una aventura tan desesperada?

Regin, como siempre, tenía preparada una historia. Contó cómo los dioses habían matado a su hermano y habían pagado el rescate de su hermano con un tesoro maldito y cómo Fafner había matado a

Hreidmar por el oro y se lo había quedado todo para él. Contó la historia como si nunca hubiera incitado a Fafner a asesinar y Sigfrido se creyó su versión. Gritó de dolor por lo que Regin había perdido y dijo que se vengaría de esa pérdida si podía, pero que para ello necesitaría una buena arma. Un arma que Regin prometió fabricar.

Fabricó una espada, muy equilibrada, de gran belleza y se la ofreció a Sigfrido; pero Sigfrido la rompió dando un golpe en su rodilla y dijo que una espada así nunca le serviría contra Fafner. A Regin no le gustó esto, pero fabricó otra espada. Sigfrido también la rompió. Y ahora, por primera vez, habló con Regin con el mismo descaro que Regin había usado antes con él, y le preguntó si la habilidad de Regin en la herrería estaba muy sobrevalorada, o si era un traidor y un embustero como todos sus parientes.

Entonces se alejó de la ira de su padre adoptivo y se fue con su madre Hjördis. Hablaron, bebieron juntos y finalmente le pidió los fragmentos de la espada de su padre, que ella había guardado todo ese tiempo. Ella se los entregó y le dijo que le servirían bastante bien ya que su padre había alcanzado una gran fama con esta espada. Sigfrido se los llevó a Regin y le ordenó que los volviera a forjar. Regin miró fríamente a su hijo adoptivo, que parecía estar interfiriendo considerablemente en un arte que no era el suyo, pero accedió a forjar la espada y cuando la levantó de nuevo le parecía que el fuego recorría la hoja. Entonces le dijo a Sigfrido que había hecho lo mejor que había podido.

Sigfrido golpeó la hoja contra el yunque. La espada atravesó el yunque y cuando examinó la hoja, no había ninguna marca en ella. Corrió con la espada al arroyo junto a la herrería y allí vio un mechón de lana flotando en el río. Puso la hoja río abajo con la lana hacia el filo y la lana se cortó con precisión. Entonces volvió a Regin con el corazón contento, le agradeció y alabó su herrería.

—En tal caso mi palabra está cumplida —dijo Regin—. ¿Y la tuya?

No obstante, Sigfrido había empezado a ser considerado y audaz, y le dijo a Regin que le parecía a la vez codicioso y poco honorable enfrentarse a un dragón para ganar un tesoro cuando el hombre que había matado a su padre y expulsado a su madre de su casa aún disfrutaba de sus ganancias mal habidas. El primer trabajo por su habilidad y su espada, dijo, debería ser vengar esa muerte. Habló con orgullo y enfado, mientras su mano sostenía la empuñadura de la espada maravillosa que Regin había forjado, y Regin no estaba dispuesto a discutir con él.

Sigfrido fue entonces a ver a su madre y a su padrastro, y les pidió permiso para luchar contra el rey Lyngi. Ellos le dieron todos los barcos y hombres que necesitaba, y se embarcó hacia el país de su padre, que nunca había visto. Durante los primeros días, el viento soplaba con fuerza y todos estaban animados. Después las nubes se formaron en el cielo, las olas se oscurecieron y el sol brilló bajo y rojo, de modo que el mar parecía haberse convertido en sangre. Algunos hombres del ejército dijeron que esto era un mal presagio y querían volver, pero Sigfrido se negó a hacerlo. Sin embargo, se detuvo lo suficiente como para rescatar a un hombre que parecía estar atrapado en una isla rocosa en el mar salvaje y cuando ese hombre se subió al barco las nubes se separaron, el sol brilló sobre las olas y un viento favorable condujo los barcos hacia la tierra de Lyngi. Sigfrido le pidió consejo al forastero sobre la ejecución de las batallas y obtuvo los mejores conocimientos que pudo escuchar o recordar, pero cuando la costa se hizo visible y el viento se desvaneció, el forastero no se encontraba por ninguna parte.

Sigfrido y su ejército llegaron a la costa, y quemaron y arruinaron todo lo que encontraron. Sigfrido parece haberse visto solo como un vengador, no como un libertador y, en efecto, aunque los Völsung eran conocidos por ser hombres valientes y honestos, no eran considerados como hombres misericordiosos. Algunos prófugos escaparon con vida, huyeron hacia el rey Lyngi y le dijeron que los Völsung no estaban todos muertos después de todo, que un terrible ejército había desembarcado, liderado por un feroz guerrero al que ningún hombre podía enfrentarse, un hombre que se parecía mucho al difunto Sigmund.

Lyngi dijo que destruiría al hijo como destruyó al padre y reunió un gran ejército con el que salió a enfrentarse al ejército de Sigfrido. La batalla fue larga y amarga, sin que ninguno de los dos bandos se rindiera. Cuando el sol se puso rojo sangriento aquella tarde, Lyngi, sus parientes y capitanes yacían muertos, por lo que Sigfrido obtuvo la victoria, pero se fue a casa con un ejército mucho más pequeño.

El rey Alf no le reprochó esto, sino que declaró que Sigfrido había regresado con mucho honor y tesoro, por lo que le felicitó por su éxito. Regin vio que la desconfianza que esperaba sembrar entre el rey Alf y Sigfrido había sido en vano, y había amargura en su corazón. Pero lo disimuló tan bien como pudo e instó a Sigfrido, ahora que ya había vengado a su padre, a que cumpliera la palabra dada a Regin y se enfrentara al dragón.

Notas:

Esta historia y las cuatro siguientes están basadas en el manuscrito en prosa del siglo XIII llamado *Saga völsunga*. Hay muchas versiones alternativas de la historia de Sigfrido. Snorri Sturluson da un breve resumen de ella en el *Skáldskaparmál*. Muchas de las Eddas poéticas cuentan fragmentos de la historia, a menudo de manera que se contradicen entre sí.

Capítulo 12. Sigfrido y el dragón

Sigmundo aceptó el reto de Regin. Puede que sintiera menos afecto por su padre adoptivo que en los viejos tiempos, pero, aun así, respetaba su sabiduría y buscaba su buen consejo; además, estaba orgulloso de su sangre y no podía soportar que ningún hombre le llamara cobarde. Así que se despidió de la corte del rey Alf, llamó con un silbido a su excelente caballo Grani y cabalgó hacia el Brezal de Gnita acompañado por Regin.

Durante el viaje, Regin le aseguró que sus posibilidades contra el dragón eran excelentes y el tamaño y la fuerza de Fafner eran exagerados, ya que no era mucho más grande ni más feroz que los otros dragones. Sigfrido lo escuchó con una mente abierta mientras cabalgaban a través de los campos y bosques. Pero cuando salieron al descubierto en el Brezal de Gnita, la cosa cambió. Sigfrido vio los restos de la tierra quemada y las piedras rotas. No crecía nada verde allí, pero la tierra muerta estaba marcada con huellas dejadas por Fafner al arrastrarse desde su guarida hasta el abrevadero.

—¿Que no es más grande que los otros dragones? —dijo, mirando fijamente—. ¿El dragón que dejó estas huellas?

Y, al ver que los rumores sobre el gran tamaño de Fafner eran ciertos, se le ocurrió que las historias sobre el yelmo de terror también podrían serlo, que el que se había enfrentado a la tormenta en el mar y a la furia de la batalla podría ser incapaz de enfrentarse a Fafner.

Regin le aseguró a Sigfrido que no necesitaba enfrentarse al dragón; que sería mucho más simple y efectivo cavar un hoyo en uno de los caminos habituales de la bestia y clavarle la espada desde abajo en cuanto la bestia se le cayera encima. Sigfrido parecía estar un poco más dispuesto que su padre a considerar tanto la practicidad como el honor. No insistió en desafiar al dragón abiertamente. Sin embargo, sí tenía una preocupación más pragmática: ¿qué le sucedería cuando se encontrara en un hoyo lleno de sangre del dragón?

Regin había previsto este peligro, aunque esperaba que Sigfrido no lo hiciera. Dijo enfadado que era obvio que Sigfrido carecía por completo del coraje de sus antepasados y que no tenía sentido dar un sabio consejo a un cobarde como él. Entonces, dio la vuelta a su caballo y salió al galope tan rápido como pudo... *temeroso*, dice la historia, aunque no se especifica si le temía más a Sigfrido o a Fafner en aquel momento. Pero Sigfrido tomó aire, cabalgó hasta el borde de la cueva del dragón, se bajó de su caballo y se dispuso a cavar un hoyo tal y como Regin le había aconsejado.

Mientras trabajaba, un viejo barbudo se le acercó. Sigfrido estaba demasiado ocupado en cavar y en mantener su miedo a raya, como para preguntarse qué podría estar haciendo un viejo vagabundo en ese país tan inhóspito y peligroso él solo. Pero cuando el anciano le preguntó qué hacía, Sigfrido le explicó con precisión y cortesía. A cambio, el anciano le dijo que le habían aconsejado mal y le sugirió que cavara una red de fosas y túneles a través de los cuales la sangre pudiera escurrirse. Sigfrido no se ofendió y siguió el consejo del viejo. Volvió a cavar a un ritmo desenfrenado y ni se dio cuenta de que el viejo se había marchado.

Al principio, Sigfrido pensó, para su vergüenza, que estaba temblando. Seguramente no por miedo, ¡él, el hijo del rey Sigmund! Simplemente debía de estar agotado por cavar hoyo tras hoyo... Entonces, mientras los guijarros caían por los lados de su última excavación y rebotaban en el fondo, se dio cuenta de que la tierra misma estaba temblando. Fafner se estaba aproximando. Tiró la pala a un lado, se agachó en el hoyo que estaba justo debajo del centro del camino del dragón y sacó su espada.

El temblor de la tierra se intensificó. Se hizo oscuro cuando el aliento humeante de Fafner ensombreció el cielo. Un horrible hedor, asqueroso como la vergüenza y agudo como el miedo, amordazó a Sigfrido. Corrientes de algún líquido repugnante, fino y apestoso — que no era espeso y oscuro como la sangre del dragón, sino que se trataba de su veneno— goteaba por los lados del hoyo, se arremolinaba y hervía en el fondo. Pero Sigfrido había heredado de su padre Sigmund, y tal vez de su antepasado Odín, una piel impermeable al veneno. Respiró rápida y brevemente, tratando de no llevar el aire contaminado hacia la profundidad de sus pulmones.

Entonces escuchó al dragón respirar por encima de él. Era un sonido quejumbroso y chillón que le irritaba hasta los nervios y que le hacía pensar en todas las heridas y burlas que había sufrido. Apretó los dientes y agarró la empuñadura de su espada. La cabeza del dragón pasó por encima de él y el calor del cuerpo del dragón le golpeó mientras se iba arrastrando. Cuando la pierna izquierda del dragón pasó por encima de él, clavó su espada en la axila izquierda del dragón con toda la fuerza de su ira y su miedo. La espada se hundió y se quedó apartada de sus manos mientras el dragón se arqueaba para alejarse de él. ¿Estaba enfadado y se preparaba para atacar? Sigfrido no lo sabía. Saltó de la fosa mientras la sangre negra y hirviente del dragón se vertía en ella y en la red de otros agujeros que el anciano había sugerido; entre jadeos en el aire contaminado, se obligó a saltar hacia el dragón y agarró la empuñadura de su espada.

Sacó la espada sin mucha dificultad y un chorro de sangre hirviente quemó el brazo de Sigfrido hasta el hombro. Saltó fuera del hoyo, mientras el dragón volvía a atacar. No le estaba cazando; le había herido con gravedad y Fafner estaba a punto de morir. Aun así, las rocas se rompían en mil pedazos cuando las golpeaba y Sigfrido quería alejarse lo más pronto posible.

Después de un rato, el dragón se quedó más tranquilo y miró a Sigfrido con su gran ojo que se desvanecía.

—¿Quién eres? ¿De qué familia? ¿Quién se atrevió a levantar armas contra mí? —preguntó Fafner.

Sigfrido recordó lo que le había contado Regin de que esta no era una simple bestia, sino un mago negro que aún podía tener una poderosa maldición que lanzar. Así que le dijo al dragón que no tenía nombre y que no era hijo de nadie. El dragón dio un silbido de desprecio, extrañamente parecido al de su hermano humano, Regin, y dijo que un humano nacido de ningún hombre era una nueva maravilla en el mundo. Añadió que por muy valiente que pareciera su cazador, estaba demasiado asustado para revelar la verdad. Impulsado por ello, Sigfrido dio su nombre y su parentesco; y Fafner, al morir, se rió y se burló de él por estar lejos de su hogar y de sus parientes, por pertenecer a la corte de otro hombre y ser prácticamente un esclavo.

Sigfrido le respondió con frío desprecio en su voz que, aunque fuese un esclavo nunca había sido encadenado y seguramente Fafner lo veía lo suficientemente libre.

Fafner le respondió que no había necesidad de ofenderse y añadió que tenía una buena advertencia a la que Sigfrido debía prestar atención: el oro por el que había matado le causaría la muerte si era lo suficientemente estúpido como para quedárselo.

Sigfrido le contestó que iba a morir algún día de todos modos y mientras estuvieran vivos, todos los hombres querían oro. Fafner cambió su discurso, hablando de los dioses y del destino, para que Sigfrido viera que tenía sabiduría, a diferencia de su hermano. Entonces su voz se volvió más débil y murmuró con asombro que antes de que llegara Sigfrido, ningún hombre se había atrevido a luchar contra él, nadie había estado dispuesto a desafiar ni su fuerza ni el hechizo del yelmo del terror. Sigfrido se encogió de hombros entonces y dijo que incluso el hombre más fuerte se tenía que enfrentar algún día a su rival.

Fafner sintió que la muerte le oprimía y habló una vez más con Sigfrido, instándole a que se alejara antes de que la maldición se apoderara de él. Sigfrido rechazó este consejo y Fafner rió por última vez, mientras decía:

—Regin, mi hermano, ha causado mi muerte y me complace saber que también causará la tuya. Tendrás suficiente oro para todos los días de tu vida y te traerá la muerte a ti y a todos los que lo reclamen después de ti. Entonces el fuego en sus ojos se apagó, el sonido de su aliento se detuvo y el humo de su respiración se dispersó en el cielo.

Al ver el cielo despejado y escuchar el silencio, Regin volvió a cruzar el páramo marchito hacia Sigfrido. Se quedó quieto durante mucho tiempo, mirando a su hermano muerto y a su hijo adoptivo de rostro sombrío.

—Mi hermano está muerto —dijo al final, lenta y pesadamente— y apenas puedo decir que soy inocente.

Sigfrido se enfadó y pensó que Regin se estaba intentando atribuir el mérito de una acción en la que no había colaborado; respondió calurosamente que había esperado la llegada de Fafner en solitario, mientras Regin estaba escondido. Regin señaló que Sigfrido había matado al dragón con la espada que Regin había forjado. Sigfrido contestó que el coraje importaba más que las armas.

Regin dejó de discutir entonces, sin dejar de mirar al cadáver y dijo de nuevo:

—Has matado a mi hermano y yo no quedaré libre de culpa.

Luego pareció librarse de la pesadez. Le dijo a Sigfrido que le sacara el corazón al dragón, que hiciera fuego, que lo asara y que le llamara cuando estuviera listo para comer. Entonces Regin bebió la sangre del dragón con sus manos ahuecadas, se alejó un poco, se acostó a dormir y olvidó su culpa y sus intrigas por un tiempo.

Sigfrido caminó desde la tierra estéril hasta un matorral, rompió unas ramas y encendió un fuego. Cuando la sangre empezó a brotar del corazón del dragón, Sigfrido lo tocó con un dedo y se lo metió en la boca para ver si ya era hora de llamar a Regin. Pero cuando la sangre tocó su lengua pareció que la comprensión llegó a su mente. Los pájaros cantaban en los arbustos; apenas los había notado antes, pero ahora entendía su lenguaje y descubría que hablaban de él.

Decían que estaba cocinando para otro lo que él mismo debía comer para ganar sabiduría. Dijeron que Regin se preparaba para traicionarlo. Dijeron, además, que, si Sigfrido era sabio, mataría a Regin mientras dormía antes de que Regin pudiera matarlo en venganza por Fafner; así ganaría seguridad y sabiduría, y también todo el oro sería suyo. Y una vez hecho esto, dijeron, una mujer sabia, valiente y hermosa sería suya.

¿Eran esas las verdaderas voces de los pájaros o el moribundo rencor de Fafner que puso en los oídos de Sigfrido el consejo que llevaría a su perdición? A Sigfrido no se le ocurrió preguntarse esto. Hizo lo que los pájaros le habían dicho: se comió el corazón del dragón, mató a su padre adoptivo mientras dormía, cabalgó hasta la guarida del dragón, apiló el oro sobre Grani, saltó encima y se alejó en solitario.

Notas:
Esta parte de la historia de Sigfrido está tomada de la *Saga völsunga* y también de las Eddas poéticas *Fáfnirsmál* y *Réginsmal*.

Capítulo 13. El matrimonio de Sigfrido

Sigfrido no regresó con el rey Alf y su madre. Puede que no quisiera tener que responder a preguntas sobre el herrero del rey, Regin, que se había marchado con él. Tal vez las palabras de los pájaros, las palabras que la sangre del dragón le había permitido oír, le hicieron olvidar todos los demás pensamientos. Habían hablado sobre una mujer que se ganaría en la montaña llamada Hindfell, así que giró la cabeza de su caballo en esa dirección.

Mientras subía la pendiente, vio en lo alto una gran luz, un fuego que saltaba y ardía. Se preguntó si otro familiar de Fafner vivía allí. Cabalgó su caballo directo hacia las llamas y debe de ser que Grani realmente tenía la sangre de un dios en él, como dijo Odín, ya que saltó a través de las llamas, que resultaron no ser más que un estrecho muro que rodeaba un patio y un alto castillo cubierto de escudos. Sigfrido cabalgó cautelosamente hacia la puerta, sin ver signos de ataques de dragones o de manchas de dragones. Bajó de su caballo y llamó a la gente del castillo, pero nadie respondió. Con un gran asombro, entró solo y le pareció que sus pasos resonaban de forma extraña.

Entonces se dio cuenta de que, después de todo, no estaba solo en el castillo. Una mujer yacía estirada en un banco. Llevaba una espada y una armadura que le quedaba muy ajustada como una tela, pero no se movió cuando Sigfrido se le acercó. Primero, pensó que estaba muerta. Después, al acercarse, vio que respiraba. Le cortó la armadura, como podría haber hecho con un camarada gravemente herido y necesitado de cuidados; y cuando el último trozo se le cayó, ella abrió los ojos, le miró seriamente y le preguntó quién le había quitado el sueño y había acabado con la maldición que pesaba sobre ella.

Sigfrido dio su nombre, su parentesco y le preguntó por el suyo, diciendo que había oído rumores de su sabiduría y nobleza. Ella no le respondió inmediatamente. Se levantó, miró a su alrededor y salió del oscuro salón a la luz del sol; luego cantó en alabanza a la luz, la belleza del mundo y los dioses que habían dado forma a toda esta gloria. Después, al mirar hacia el hombre que la había despertado, se mostró satisfecha con su linaje y comenzó a hablar del suyo propio.

Se llamó a sí misma Brunilda, la hija de un rey, como Sigfrido había oído y también una Valquiria, que era más de lo que él había adivinado. Como ya hemos visto antes, las Valquirias elegían a los más valientes de los muertos para llevarlos a la morada de Odín o a la de Frigg. Además, también tenían la oportunidad de elegir quién sobreviviría a la batalla y quién moriría. Por lo general, le servían a Odín y elegían a quien él ordenaba. Pero cuando Odín envió a Brunilda a un combate con instrucciones de que un hombre muriera y acudiera a él mientras el otro obtendría la victoria, Brunilda miró pensativamente a los combatientes y tuvo una idea mejor. Mató al campeón al que Odín le había prometido la victoria y perdonó al otro hombre.

Odín estaba furioso de que Brunilda no le había obedecido. Le dijo que dejaría de ser una doncella escudera y se convertiría en una esposa. Claramente en su cabeza, esto fue un severo castigo. Brunilda respondió que juraba no casarse nunca con un hombre que hubiera conocido el miedo. Odín no discutió eso, los propios dioses no se atrevían a romper sus votos y seguramente no se podía esperar que una Valquiria lo hiciera. Así que la hechizó para que durmiera y la llevó al interior del muro de fuego, donde solo un hombre de corazón valiente se arriesgaría a entrar para encontrarla.

Sigfrido observó a Brunilda con asombro y le pidió que le enseñara sabiduría. Ella le dijo que conocía las runas del poder para ayudarle en todo tipo de asuntos. Las runas de la espada daban fuerza en la batalla, las runas del barco podían llevar a un barco a salvo a casa en la más terrible de las tormentas. Las runas de la palabra podían evitar la ira y la dureza en los juicios. Las runas de la cerveza anulaban los venenos y las pociones de perplejidad que los enemigos podían mezclar en sus bebidas. Las runas del pensamiento profundizaban la sabiduría del maestro de ceremonias, mientras que las runas de la rama o de la vida curaban a los enfermos. Todo esto, dijo, le enseñaría, si juraba a serle fiel. Pero al jurar eso, dijo, mirándole fijamente a los ojos, se ataría a muchos peligros; la lealtad sería un camino difícil y la traición sería terriblemente vengada.

Sigfrido respondió que no tenía miedo a nada, que la deseaba a ella, a su sabiduría y que la amaría, estaría a su servicio y aprendería todo lo que ella pudiera enseñarle. Entonces ella empezó a enseñarle con seriedad la sabiduría secreta de las runas y también a darle algunos consejos sencillos. Le pidió que no dañara a sus parientes, aunque le hicieran daño, ya que tal tolerancia sería recompensada después de su muerte si no es en vida; que nunca hiciera un juramento que no estuviera seguro de cumplir; que enterrara con reverencia a los muertos, amigos, enemigos o extraños; y que no discutiera con los necios en la asamblea pública (y, si uno de ellos insistía en buscar pelea, que guardara silencio en ese momento y lo matara después). También le advirtió que no aceptara la hospitalidad de las brujas (aunque no le explicó cómo reconocerlas), que no besara a mujeres hermosas, que no mintiera a las mujeres o yaciera con ellas en la lujuria, que no confiara en los parientes de las personas a las que había matado (aunque estuvieran de acuerdo en aceptar un precio de sangre), que no se quedara en casa por miedo a la batalla (lo que, según dijo, podría pasar es que el prudente muriera de una forma muy desagradable dentro de una casa en llamas) y que no traicionara a sus amigos y, sobre todo, que no traicionara a su esposa.

Todas esas reglas, dijo Sigfrido, las iba a cumplir y, en cuanto a las esposas, no conocía a nadie que deseara más que a Brunilda, a la persona más sabia que había conocido.

Entonces Brunilda le sonrió y le dijo que se casaría con él antes que con cualquier otro hombre. Bebieron juntos cerveza y se juraron amor y fidelidad. Los dos juraron cumplir sus promesas para siempre y ser felices el uno con el otro todos los días de sus vidas. Entonces Sigfrido se marchó, con la promesa de volver pronto y casarse con ella. Porque los pájaros que cantaron tras la muerte de Fafner, mencionaron grandes cosas que le esperaban no solo en Hindfell, sino también en el castillo del rey Gebica. Al encontrar el primer regalo tan bueno, estaba ansioso por el segundo y se alejó con un corazón despreocupado.

Llegó primero al castillo del rey Heimir, el padre adoptivo de Brunilda. Sigfrido fue bienvenido allí y estuvo contento hasta que un día, salió a recorrer la zona y se encontró con Brunilda, sentada en una torre, tejiendo en oro la historia de la matanza de Fafner y Regin, y su amor por ella volvió a él con toda la fuerza. Le contó a Heimir lo que le pasaba, y Heimir le dijo que por su parte estaría encantado de tener a Sigfrido como hijo adoptivo, pero dudaba de que Brunilda aceptara casarse con alguien. Sigfrido volvió a ella y le preguntó si ella estaba dispuesta a cumplir los juramentos que le había hecho. Brunilda le miró con tristeza entonces y dijo que ella mantendría su juramento, pero creía que él rompería el suyo, trayendo la ruina a los dos. Pero Sigfrido hizo nuevos y más grandes juramentos de fidelidad. Y para sellarlos todos, le dio lo más hermoso que había encontrado en el tesoro de Fafner: el anillo de Andvari, el anillo que llevaba la maldición. Se acostaron juntos y se divirtieron mucho el uno con el otro. Pero Sigfrido no estaba dispuesto a establecerse con una esposa todavía y se dirigió al reino de Gebica.

Allí fue recibido y honrado por Gebica, y por sus hijos Gunter, Hogni y Guttorm y, sobre todo, por su hija Gudrun, que amaba a Sigfrido tan feroz y repentinamente como Frey había amado a la giganta Gerd. La madre de Gudrun, Grimhilda, fue testigo del amor de su hija y también escuchó con qué frecuencia y con qué amor hablaba Sigfrido de Brunilda. Una mujer normal y corriente, pensaría que el caso de Gudrun no tendría solución, pero Grimhilda era algo más que una mujer normal y corriente. Mezcló una poción y la echó en el cuerno de beber de Sigfrido. En cuanto él se bebió ese líquido, el recuerdo de Brunilda se desvaneció de su mente. Poco después, Gudrun se le acercó para ofrecerle más cerveza y Sigfrido vio que era hermosa y magnífica, y su imagen quedó en su mente en lugar de la que había olvidado. Así que cuando Gebica le ofreció la parte del reino que les correspondía a sus hijos y la mano de Gudrun en matrimonio, Sigfrido aceptó con alegría. El banquete de bodas estuvo lleno de bebida, música y baile, y hubo un gran deleite en los corazones de Sigrido, de Gudrun y de toda la corte de Gebica. Sigfrido luchaba en guerras junto a Gebica y a sus hijos y, dondequiera que Sigfrido luchara, obtenía la victoria y su fama se extendía por todas las tierras de alrededor. Al regresar a casa, le dio a Gudrun algo del corazón del dragón para comer, y ella se volvió aún más sabia y con un mayor corazón de lo que había sido antes. Ella y su marido vivieron juntos en la felicidad y cuando nació su hijo Sigmund, pensaron que tenían toda la bondad que la vida les podía ofrecer.

Notas:

La mayor parte de la narrativa está basada en la *Saga völsunga*. El consejo de Brunilda a Sigfrido en su primer encuentro se da de manera diferente y en diferente orden en la *Saga völsunga* y en la Edda poética *Sigrdrífumál*, la Balada del Portador de la Victoria. Hay relatos contradictorios sobre si Sigfrido le dio el anillo de Andvari a Brunilda y la dejó embarazada en su primer o en su segundo encuentro.

Capítulo 14. La traición de Brunilda

Solo faltaba una cosa para alcanzar la felicidad plena en la casa del rey Gebica. El éxito, el honor y la riqueza le acompañaban, mientras que Gudrun y Sigfrido gozaban del amor y de la felicidad. Sin embargo, el hijo de Gebica, Gunter, seguía sin estar casado. Grimhilda se lo tomó muy a pecho, fue a su hijo y le dijo que buscara a la doncella más valiente y noble de todas las tierras y esa, dijo, era Brunilda. Sigfrido, añadió, seguramente le prestaría ayuda a su amigo en este cortejo.

Las historias no nos cuentan lo que había en el corazón de Grimhilda cuando dijo esto. ¿Había caído en su propio hechizo y olvidado el amor de Sigfrido por Brunilda? ¿Acaso quería burlarse de Brunilda? ¿O quería destruirlos a todos? Nadie en la corte se había preocupado por ello. Gunter y Sigfrido cabalgaron juntos alegremente de vuelta al reino de Heimir para pedir la mano de Brunilda.

Heimir les recibió con cortesía y les dijo lo que ya le había dicho antes a Sigfrido: Brunilda era libre de elegir a su propia pareja, si es que había algún hombre lo suficientemente valiente como para convencerla. Añadió que se había retirado a su castillo detrás del aro de fuego y que ningún hombre podía alcanzarla sin tener que cabalgar a través de él. Así que los dos amigos cabalgaron juntos hasta el

Hindfell y aún no se había despertado ningún recuerdo en la mente de Sigfrido, ni siquiera cuando llegaron a la gran hoguera en el brezal, donde las llamas silbaban, cantaban y lamían el cielo. Gunter tragó saliva con fuerza y luego condujo su caballo directamente al fuego, pero cada vez que espoleaba al caballo, éste se alejaba más y más. Tampoco a Gunter le gustaba la idea de pasar el fuego a pie, así que le pidió a Sigfrido su caballo. Sigfrido le entregó Grani de buena gana, pero Grani no quería colaborar; no se movía bajo el mando de ningún otro jinete que no fuera Sigfrido.

Parece que Grimhilda había previsto tal peligro y antes de que los jóvenes salieran de su salón, les había enseñado el truco del cambio de forma. Así que Sigfrido tomó el rostro y la forma de Gunter, y Gunter el rostro y la forma de Sigfrido; aunque la mente, la memoria y el espíritu de cada hombre siguieron siendo suyos propios. Grani reconoció a su dueño incluso disfrazado y dejó que Sigfrido se subiera. Entonces el fuego empezó a arder con más calor y fuerza, pero Sigfrido dirigió su caballo directamente a las llamas y el caballo aterrizó a salvo en el otro lado. Sigfrido, todavía en la forma de Gunter, entró en la sala que había sido borrada de su mente por culpa de la poción de Grimilda.

Brunilda, sin embargo, no había olvidado a Sigfrido. Esta vez estaba sentada despierta en el pasillo, armada, pensando en su amante desaparecido hace tiempo. Cuando escuchó el sonido de un caballo en el patio y vio a un hombre que se bajaba, pensó que debía de ser Sigfrido el que venía a por ella y su corazón se llenó de alegría. Entonces, el hombre se acercó y ella vio que se trataba de Gunter. A pesar de lo sabia que era, no veía más allá de la apariencia. Y cuando el recién llegado le dijo que había venido a casarse con ella, le miró con tristeza y le dijo que no sabía qué contestarle. Su pretendiente le prometió a Brunilda que le daría una gran dote de oro, pero esto no la convenció. Ella le dijo al hombre que no le interesaba escuchar sus historias a menos que fuera el más grande y el más valiente de los hombres, porque ella misma había realizado grandes y valientes acciones en la guerra. Su pretendiente apreció sus palabras, pero le recordó que había jurado entregarse al hombre que pudiera cabalgar a través del fuego. Ella reconoció que esto era cierto y juró entregarse al hombre al que conocía como Gunter. Aunque seguía amando a Sigfrido, pensó que Gunter debía de ser un hombre muy valiente por haber atravesado el fuego. Así que se levantó, le dio la bienvenida y se prometieron el uno al otro por segunda vez, aunque ninguno de los dos lo sabía; y de nuevo se acostaron juntos en una cama. Pero Sigfrido colocó su espada entre ellos, para no ser infiel a sus votos matrimoniales —los únicos que recordaba haber hecho— o para no traicionar a su amigo y hermano Gunter. Durante tres noches durmieron así y después Sigfrido se alejó de Brunilda una vez más. Pero antes de que se separaran, ella le entregó el anillo que había recibido de Sigfrido, el anillo de Andvari que llevaba la maldición y él le dio otro anillo del tesoro de Fafner. Sigfrido, sin sospechar nada de la maldición, fue a ver a Gunter y cada uno tomó su propia forma. Entonces los dos hombres volvieron juntos al reino de Gebica.

Brunilda cabalgó hasta la casa de Heimir. No estaba sola; traía con ella a una niña, su hija Aslaug, concebida con Sigfrido antes de que él se marchara y se olvidara de ella. Se dirigió a Heimir con amargura, diciendo que había pensado en aislarse de todos los hombres excepto de Sigfrido, aunque no había querido anunciar esta condición en esos términos por vergüenza. La condición de su juramento había sido cumplida por otro hombre con el que ahora estaba comprometida. Heimir le dijo que ya estaba comprometida con Gunter y que tenía que cumplir su promesa; pero aceptó a Aslaug en su corte, pensando que tanto Brunilda como su marido serían más felices sin el constante recordatorio del primer amor de Brunilda. Entonces Brunilda cabalgó en solitario para encontrarse con su nuevo marido y su nueva vida. Gunter, Gebica y Grimhilda la recibieron con alegría y le prepararon un gran festín, y en ese festín Gunter y Brunilda se casaron. Pero mientras brindaban por su matrimonio, el hechizo se le escapó a Sigfrido y recordó todas las cosas que habían pasado entre él y Brunilda. El horror se apoderó de su mente entonces, ya que era consciente de no haber cumplido su juramento; y tal vez recordó la advertencia y la maldición de Fafner, y se preguntó si las hermosas bendiciones a las que los pájaros le habían guiado eran todo lo que le parecían. Pero ya era demasiado tarde para arreglarlo, ahora que tanto él como Brunilda ya estaban casados con otras personas, así que decidió mantener la paz.

Al parecer, su determinación de no pensar más en esta historia no le salió mejor que su primera promesa a Brunilda. En realidad, no le dijo nada a Brunilda o a su nuevo marido, pero en algún momento, le contó a su esposa Gudrun todo el dolor y toda la vergüenza que sentía. Y también le dio el anillo de Andvari, que había olvidado entregar a Gunter después de que Brunilda se lo diera.

Un sentimiento de rencor creció entonces en el corazón de Gudrun, como ya había crecido en el de Brunilda y las hermanas reinas se miraban de forma extraña. Un día, cuando fueron a bañarse, Brunilda insistió en lavarse el pelo río arriba de Gudrun; dijo que estaba más limpia que Gudrun y mejor en todas las cosas, teniendo a un padre y a un marido más nobles. Gunter, dijo, había vivido como hijo de un rey en su propia tierra toda su vida y había desafiado las llamas por ella; mientras que Sigfrido había crecido como esclavo en la corte de un extraño.

Gudrun se puso furiosa y dijo que las hazañas de valor de Sigfrido no podían ser igualadas por ningún hombre. Había matado a Fafner, ¿y qué había hecho Gunter para igualar eso? Además, Sigfrido había sido la primera opción de Brunilda; solo que él amaba a Gudrun y claramente nunca había amado a Brunilda. Y en cuanto al fuego, bueno, Brunilda no era tan sabia como todos la llamaban si no se daba cuenta de que fue Sigfrido quien lo atravesó y acudió a Brunilda ya que Gunter no tenía el valor para ello.

Brunilda argumentó que conocía al hombre que había llegado a ella a través de las llamas, que había yacido con él allí y que su cuerpo era el de su marido Gunter.

—Claro y su mente era la mente de Sigfrido —dijo Gudrun y para demostrar lo que decía sacó el anillo de Andvari y lo agitó ante Brunilda para que brillara con todo su esplendor. Entonces Gudrun se echó a reír, pero Brunilda se puso pálida, se fue a casa en silencio y no le dijo ni una palabra a nadie en todo aquel día. Había soportado la pérdida de Sigfrido con valentía y en silencio, aunque no sin amargura; se había enseñado a sí misma a vivir con el abandono, pero no toleraría que la avergonzaran.

Gudrun no se contentó con dejarla en paz. Al día siguiente, cuando los hombres salieron y las hermanas reinas se sentaron juntas, Brunilda permaneció en silencio y Gudrun preguntó qué le dolía y a qué hombre desearía que fuera su marido. Brunilda le pidió a Gudrun que se ocupara de sus asuntos, pero Gudrun no se detuvo. Finalmente, Brunilda perdió los nervios y dijo que Gudrun pagaría por haberle robado a Sigfrido.

Gudrun argumentó que ella no le había robado nada, que no había sabido nada de Brunilda cuando Sigfrido le pidió la mano y que su padre no tenía motivos para pedirle permiso a otra mujer antes de dejar que Sigfrido se casara con su hija. Brunilda le dijo claramente que no le guardaría rencor si Gudrun no hubiera conseguido el mejor hombre del reino.

Gudrun respondió que Brunilda se había casado con alguien mucho mejor de lo que merecía, pero su orgullo y su ira serían sin duda la ruina para Brunilda y más gente. Y ahora era Brunilda quien hablaba con desprecio de su marido Gunter, mientras que Gudrun elogiaba a su hermano, aunque seguía mencionando que, en efecto, su Sigfrido era el mejor de los hombres. Brunilda sacudió la cabeza y dijo que estaba muy enfadada con Grimhilda, que había hechizado a Sigfrido para que se olvidara de ella y amara a Gudrun. Gudrun negó esa acusación de manera rotunda, sosteniendo que su madre era una mujer muy honorable y que Sigfrido se había casado con Gudrun con los ojos abiertos y la mente clara. La historia no cuenta si ella de verdad creía esto, o si su rencor contra Brunilda se debía a la certeza de que Sigfrido había amado a Brunilda de una forma más sincera. Sin embargo, se cuenta que Gudrun se puso furiosa y dijo que al menos nadie podía acusarla de pasar una noche de bodas antes de su boda, mientras que la moral y la conducta de Brunilda al respecto no eran ejemplares.

Brunilda se tragó su rabia, habló con palabras suaves, dijo que su amor ahora le pertenecía a Gunter y que las hermanas reinas no debían pelear. Pero Gudrun no confiaba en ella del todo; y en esto, aunque no en otra cosa, Gudrun había acertado.

Notas:

En esta parte de la historia he seguido de cerca la *Saga völsunga*.

Capítulo 15. La muerte de Sigfrido

Después de esa pelea, Brunilda se alejó de Gudrun y de toda la corte, y Gunter oyó decir que estaba enferma y se encontraba cerca de la muerte. Se apresuró en ir a verla y le preguntó qué le pasaba y si podía ayudar. Durante un largo rato, se quedó quieta, yaciendo como una mujer muerta y no quiso responder, pero a medida que él le suplicaba que hablara, un poco de color volvía a sus mejillas y el fuego a sus ojos. Finalmente, ella le respondió más claramente de lo que él podía soportar.

Le dijo que ella nunca había querido ser una esposa, pero que se había visto obligada a ello; lo único que se le había permitido hacer por ella misma era insistir en casarse solo con el hombre más valiente del mundo, y por eso se había retirado al castillo dentro del aro del fuego, pensando que solo un hombre podía cruzarlo y ese hombre era Sigfrido. Cuando pensó que Gunter también había demostrado su valor cabalgando hacia ella, estaba dispuesta a casarse con él, pero ahora se enteró de que era un cobarde y un embustero que se había alejado del fuego y había enviado a otro hombre en su lugar; la había seducido, avergonzado y le había hecho romper su juramento. Por ello, esta sería la muerte de él y también la de su madre. Gunter alegó que su madre era muy querida y respetada y que nunca había matado a nadie, mientras que Brunilda era salvaje y estaba llena de odio.

—Pero no tan llena de engaños como tu madre —dijo Bruhilda—. Y también te digo claramente que te voy a matar.

Y así lo habría hecho en aquel momento si el hermano de Gunter, Hogni, no hubiera acudido en su ayuda. Entre ellos dos sujetaron a Brunilda y la ataron. Hogni la habría dejado así, pero el amor de Gunter por ella seguía siendo igual de grande que el miedo y el resentimiento hacia ella y dijo que le dolía verla atada.

Brunilda no se ablandó. Libre o atada, dijo ella, nunca más se sentaría a su lado con alegría, nunca más se daría un festín con él, nunca más jugaría al ajedrez con él, nunca le hablaría palabras de amor o le daría buenos consejos, nunca más amaría o desearía a otro hombre que no fuera Sigfrido. Y entonces lloró y gritó por el odio y el amor desesperado que sentía, tanto que toda la corte se asustó por aquel ruido. Luego se volvió fría y silenciosa, y durante siete días no comió ni bebió ni habló con nadie. Gunter se acercaba a ella una y otra vez, pero ella desviaba la mirada. Finalmente, Gunter fue a ver a Sigfrido y le pidió que hablara con Brunilda. Sigfrido, preocupado, fue primero a buscar a su esposa. Gudrun le dijo que estaba afligida por el dolor de Brunilda, y tal vez decía la verdad: que se sentía así, bien por Brunilda, o por el dolor que iba a sentir por su marido y por ella misma, ¿quién sabe? Le dijo que le ofreciera a Brunilda oro como pago por sus heridas y su dolor.

Entonces Sigfrido fue a ver a Brunilda. La encontró durmiendo de nuevo, como en su primer encuentro y lo que hizo fue levantar sus mantas y decirle que se levantara y se alegrara como lo había hecho en aquel primer encuentro.

Se despertó, aunque no con alegría y le preguntó que cómo se atrevía a venir a ella con falsas palabras de bondad, que él la había traicionado de la forma más dolorosa. Sigfrido alegó que no había querido hacerle daño y que la había dejado porque le habían hechizado, no porque tuviera un corazón engañoso; se apresuró a añadir que su marido Gunter era un hombre bueno, valiente y noble;

también hizo lo que Gudrun le había pedido y le ofreció a Brunilda toda su riqueza si perdonaba y amaba a su marido. Brunilda le dijo que todo lo que quería de Sigfrido era sacarle el corazón. Él contestó que dudaba que después de su muerte ella viviera por mucho más tiempo. Brunilda estaba de acuerdo con eso, pero dijo que no le importaba vivir mucho más tiempo ya que ella lo amaba y él la odiaba.

Eso conmovió a Sigfrido más de lo que lo hicieron sus maldiciones y amenazas. Le dijo a Brunilda que la amaba y que siempre la había amado, excepto cuando el hechizo la borró de su mente; y que cuando la recordó de nuevo se entristeció porque no era su esposa, pero entonces ya era demasiado tarde.

—Me lo dices demasiado tarde —dijo Brunilda.

—Tal vez no lo sea —contestó Sigfrido—. ¿Acaso no yacerías conmigo?

Brunilda se puso furiosa de nuevo y dijo que no era una adúltera. Sigfrido se ofreció con desesperación dejar a Gudrun y casarse con Brunilda, pero al decir esto se hinchó de pena de tal manera que su armadura se desprendió de él, y su cara tenía el mismo color cadáver que la de Brunilda.

—No te tendré a ti —dijo Brunilda—, ni a ningún otro.

Entonces Sigfrido se marchó con miedo y tristeza.

Gunter vio la cara de Sigfrido y supo que su misión había fracasado. Se apresuró una vez más para ver a Brunilda, quien le dijo que Sigfrido incluso en ese momento se iba a reír de ella con Gudrun y que esta debía de ser la muerte de Brunilda, de Gunter o de Sigfrido. Preferiblemente de Sigfrido, dijo, e instó a Gunter a matarlo.

Primero Gunter se resistió a esta sugerencia: le había jurado amistad y había hecho un pacto de sangre con Sigfrido. Pero entonces empezó a pensar en lo bueno que sería tener todo el amor de Brunilda y también el tesoro de Sigfrido, además de una clara supremacía en el reino. Así que fue a ver a su hermano Hogni y le sugirió que se aliaran para matar a Sigfrido, ya que parece ser que ninguno de los dos iba a ser capaz de hacerlo en solitario.

Hogni se negaba a hacerlo. Dijo que una matanza así traería como consecuencia la vergüenza y la maldición. Además, entre Sigrido y él había un pacto de sangre. Gunter indicó que entre su hermano menor, Guttorm y Sigfrido no había ningún pacto de sangre, y quizás podrían conseguir que él matara a Sigfido por ellos. Hogni se mantuvo contrario a esta idea al principio, pero al final cedió; echaron una poción mágica en la comida de Guttorm para volverlo audaz e imprudente y le prometieron a Guttorm tesoro, honor y poder, así que finalmente accedió a hacer lo que le pidieron.

Durante la noche, Guttorm entró en la habitación donde Gudrun y Sigfrido yacían juntos. En dos ocasiones se retiró de la habitación con miedo y vergüenza, pero la tercera vez pensó en lo que sus hermanos le habían prometido, entró y apuñaló a Sigfrido mientras dormía. Sigfrido se despertó demasiado tarde para salvarse, pero a tiempo para matar a su asesino; dijo con amargura que los hermanos de Guttorm iban a tener motivos para arrepentirse de este asesinato y entonces murió.

Gudrun lloró en voz alta por Sigfrido, mientras Brunilda se reía de ella. Pero su risa era una risa forzada de locura que pronto se convirtió en llanto. Les dijo a Gunter y Hogni que no obtendrían ningún beneficio duradero del asesinato de su hermano de sangre y que la maldición iba a caer sobre ellos de inmediato. Dijo que la maldición ya estaba con ella y que ya no tenía más ganas de vivir, ahora que Sigfrido estaba muerto. Gunter le rogó, pero ella no le escuchó. Se apuñaló a sí misma y se quemó en la pira funeraria de Sigfrido. Sin embargo, Gudrun eligió al que podría el destino más doloroso: vivir, llorar y recordar.

La maldición no murió con Sigfrido ni Brunilda, ni siquiera con Gudrun; sus hijos y muchos otros quedaron atrapados en la red de los enemigos sanguinarios o en el anhelo por el tesoro de Andvari. Había algo de coraje en esas peleas, pero poca misericordia y poca alegría. Y ningún descendiente de Sigfrido, ni ningún otro mortal, igualó nunca a Sigfrido en cuanto a su valor y a su fuerza.

Notas:

Una vez más, esta historia sigue a la *Saga völsunga* la mayor parte del tiempo. Pero en esta sección de la historia, cuando Brunilda le cuenta sus penas a Gunter, da una explicación de por qué tiene que casarse que contradice el relato anterior. En esta versión, es su padre humano (el rey Budli) y no Odín (El padre de todo), quien la obliga a convertirse en esposa en lugar de una doncella escudera y se debe a que está motivado por el deseo de apaciguar al rey Gebica y evitar una guerra, y no por la venganza por el hecho de que Brunilda haya tomado demasiada iniciativa para decidir a quién matar.

Partes de las historias de muerte de este capítulo se cuentan en varias Eddas poéticas. Algunas de ellas se cuentan desde la perspectiva de Gudrun y ven a Brunilda como una representante del mal; otras parecen mostrar cierta admiración por su pena y orgullo.

Esta historia termina relatando de cómo la maldición de Andvari se manifestó en el mundo de los mortales. La próxima historia nos mostrará cómo la maldición cayó sobre Asgard y trajo dolor y pérdidas duraderas a los dioses.

Capítulo 16. La muerte de Balder

Mientras Hreidmar se deleitaba con el oro y sus hijos le miraban con el espíritu asesino, Odín y Loki volvieron a Asgard. No traían oro de la fortuna de Andvari, ni siquiera el hermoso anillo que Odín había pensado llevarse, pero puede que la maldición de Andvari aún les persiguiera. Había mucha pesadez en el corazón de Odín, la sentía incluso en su propia sala resplandeciente. El único lugar donde podía encontrar la tranquilidad del corazón por un tiempo era en el castillo de su hijo más querido, Balder, el pacificador y el más bello de los dioses. Cuando Frey se enamoró, había visto que la luz provenía de su amada Gerd e iluminada el mundo, pero todos los dioses podían ver la luz allá donde caminaba Balder. Y cuando iban a su morada dejaban atrás la oscuridad: no había disputas ni amargura en sus corazones.

Pero incluso en el palacio de Balder, su inquietud no desapareció. Empezó a tener sueños espantosos y vislumbró vagamente su propia muerte. Les habló entonces de sus preocupaciones a los dioses y ellos se preocuparon con y por él; sobre todo, por él. Odín cabalgó entonces con su caballo Sleipnir lejos de los mundos de los dioses y de los hombres hasta las fronteras de Niflhel, la fría tierra de los muertos. Allí hechizó a una mujer sabia ya fallecida para que se levantara de su tumba y respondiera a sus preguntas sobre los sueños que tuvo en el palacio de Balder. La mujer protestó porque se la había llamado a través de las largas y frías galerías hasta el borde del mundo viviente, y no quiso contestarle nada; pero él la presionó y ella le dijo que se preparaba un gran festín en Hel, pues sabían que Balder vendría pronto entre ellos. Él la hubiera presionado para que contara más, por mucho que le doliera, pero ella vio su angustia y supo quién era. Al ser de la raza de los gigantes, la mujer no quiso prestar ayuda a los dioses. Solo añadió que ningún otro ser viviente obtendría de ella el discurso o la sabiduría hasta el día en el que los dioses fueran destruidos y eso iba a ser después de la muerte de Balder, más pronto de lo que se cree.

Odín regresó a los dioses con mucha angustia, al entender que la muerte de su hijo era algo predestinado y que no iba a cambiar. Frigg fue menos resignada. Tomó sus plumas y viajó a través de los mundos exigiendo juramentos. No se los exigía a los dioses, pues no podía imaginar que ninguno de ellos pudiera hacer daño a Balder; ni a los mortales, pues no paraban de morir y de nacer y no habría fin a sus juramentos. Sin embargo, hizo que el fuego, el agua, el metal, la piedra y toda clase de árboles y plantas venenosas juraran que nada de su sustancia le haría daño al querido Balder. Y todas estas cosas juraron de buena gana, pues Balder era muy apreciado por todos.

Frigg regresó a la asamblea de los dioses, les contó lo que había hecho y ellos se alegraron. Pronto decidieron ponerlo a prueba, al principio de manera suave y luego de manera más intensa, y parecía que Frigg había logrado mantener a su hijo a salvo. Los dioses podían arrojar piedras o lanzas a Balder, o empujarlo al fuego o al agua, pero él no sufría ningún daño. Incluso el destino, parecía, podía cambiar por el amor. Los dioses se deleitaron con ese pensamiento, y pronto se convirtió en una parte muy esperada de sus fiestas el arrojar cosas a Balder y verle salir ileso.

Pero un día, cuando la mayoría de los dioses estaban reunidos y Loki estaba fuera vagando, una mujer extraña apareció en la reunión de los dioses y vio que los ellos estaban lanzando armas a Balder y se reían. Frunció el ceño desconcertada y le preguntó a Frigg qué podrían estar haciendo los dioses, Frigg le explicó. Los ojos de la mujer se abrieron de par en par con asombro.

—¿De verdad hiciste jurar a todas las cosas en el mundo? ¿No hay nada en absoluto que pueda hacerle daño?

—A todas las cosas importantes —respondió Frigg—. Hay una pequeña planta llamada muérdago que es demasiado pequeña para ser un peligro y demasiado joven para prestar juramento.

La mujer asintió con la cabeza y cuando Frigg se giró para mirarla de nuevo, ya se había ido.

Una vez fuera de la vista de Frigg, la mujer adoptó su forma verdadera y apareció como el mismo Loki. Loki fue rápidamente al bosque situado al oeste de Asgard. Cuando volvió, tenía un pequeño dardo en la mano, un dardo hecho de muérdago.

Había tardado muy poco tiempo, ya que los dioses seguían lanzando cosas a Balder cuando volvió en su propia forma junto a los dioses. Todos los dioses estaban juntos menos uno: el dios ciego Höder, uno de los hermanos de Balder, que estaba sentado apartado de los demás, mirando y sintiéndose excluido. Entonces Loki le preguntó qué era lo que le atormentaba y por qué no se unía a los otros dioses. Höder respondió que difícilmente podía unirse a su juego porque estaba ciego y no tenía armas. Pero Loki le urgió a «honrar a Balder como a lo hacían los otros» y le prometió ayudar. Colocó el dardo de muérdago en la mano de Höder y le guio antes de tirarlo para darle una idea de la dirección. Entonces Höder se puso de pie y lanzó el dardo.

Loki era un buen maestro. Su puntería no falló. El dardo atravesó el corazón de Balder y Balder cayó muerto ante todos ellos. Höder no se dio cuenta de que algo andaba mal hasta que escuchó a los dioses gritar de dolor y horror.

Lloraron en voz alta, tanto las diosas como los dioses, y no pudieron encontrar palabras para su dolor, ni fuerza en sus manos para agarrar al asesino de Balder, quien salió huyendo apenas sus piernas lo soportaron, llorando amargamente como los demás (aunque podría haber sido más sabio quedarse donde estaba, ya que el palacio de Balder era un lugar santo y nadie mataría allí, de buena gana). La mayoría de los dioses estaban afligidos por su amado compañero, pero Odín también sentía una fría desesperación en su corazón porque sabía que la muerte de Balder iba a marcar el principio del fin, de la terrible caída de los dioses y de la destrucción del mundo.

Frigg no estaba pensando en su mundo, pero sí en su hijo y cuando por fin recuperó el poder de la palabra rogó que alguien cabalgara hasta Niflhel y viera si el espíritu de Balder aún se podía rescatar. Hermód, el hijo de Odín y el hermano de Balder se encargó de este recado; tomó prestado Sleipnir, el caballo de Odín que también era el hijo de Loki y salió lo más rápido que pudo hacia Niflhel.

El resto de los dioses prepararon el cuerpo de Balder para su funeral. Lo subieron a su gran barco llamado *Hringhorni* a la orilla del mar y Odín colocó un anillo de oro encima de su pecho (no el anillo de Andvari, sino el anillo que le dio Brok cuando ganó la apuesta contra Loki). La esposa de Balder, Nanna, murió de pena al ver a su marido muerto y subieron también su cuerpo al barco junto al de su esposo. Uno de los hijos de Odín mató a Höder por haber matado a Balder, a pesar de que Höder nunca quiso hacerle daño a su hermano Balder. Su cuerpo también se colocó en el barco funerario. Los dioses quisieron empujar el barco al mar y prenderle fuego, pero era tan pesado como su dolor y no pudieron moverlo. Finalmente, mandaron llamar a una gran giganta que cabalgaba sobre un lobo, con riendas hechas de serpientes y en seguida puso el barco funerario a flote con un solo empujón de sus grandes brazos. (Tuvieron que sujetar a Thor para impedir que sacara el Mjöllnir y la matara). Entonces arrojaron antorchas al barco y la corriente lo atrapó como lo hicieron las llamas. El barco se adentró mucho en el gran mar y el agua parecía oro. Los dioses se quedaron mirando y llorando, pues tan amado había sido Balder que también muchos de la raza de los gigantes se quedaron cerca y también miraron y lloraron.

Mientras tanto, Hermód siguió su camino a través de las duras tierras frías, hasta que finalmente llegó al río salvaje y frío de Gjöll y al puente dorado que lo atravesaba. Cabalgó hasta el puente y entonces se detuvo, porque la guardiana de la puerta de Hel estaba allí. Se llamó a sí misma Modgud y le preguntó la razón por la que había venido por ese camino; había hecho tanto ruido, dijo, al igual que todos los cinco grupos de hombres muertos que habían cruzado el puente juntos ese día, sin embargo, su color no era el de los muertos. Él sabía que no estaba muerto, pero que estaba obligado a seguir a Balder y tratar de traerlo de vuelta a las tierras de los vivos y preguntó si Balder había cabalgado por ese camino. Modgud le dijo que lo había hecho y señaló a Hermód el camino a seguir.

Cabalgó a través de la tierra de hielo negro y viento hostil, hasta que llegó a la fría sala de Hela. Allí vio a Balder sentado en un asiento alto, con la cara pálida como el hielo y los ojos sombríos como el invierno. Ya no brillaba con la misma luz, pero aun así, se levantó cortésmente al ver a Hermód y le saludó de forma tan gentil como lo habría hecho en el mundo de los vivos. Los hermanos pasaron la noche hablando y sus palabras permanecieron en secreto entre ellos. Pero por la mañana, Hermód le rogó a Hela que dejara a Balder volver a Asgard, alegando que la muerte de Balder había traído dolor y pérdida a todos en el mundo de los vivos.

Hela estaba dispuesta a comprobar si esto era cierto y dijo que liberaría a Balder con una condición: si todas las cosas del mundo, tanto las vivas como las no vivas, lloraban por él.

Hermód se levantó para marcharse entonces, pues quería apresurarse y recoger las lágrimas de todos mientras el dolor por la muerte de Balder aún estaba vivo entre ellos. Entonces Balder le acompañó hasta la puerta de la sala de Hela y mandó con él palabras de despedida a Odín; también le devolvió el anillo que su padre había puesto en su pira funeraria. Nanna también les acompañó y envió regalos para Frigg y para su criada Fulla. Claramente ninguno de ellos esperaba volver a Asgard.

Hermód todavía tenía esperanzas y les llevó el desafío de Hela a los Aesir. Estos enviaron mensajeros por todos los mundos pidiéndoles a todos que se reunieran a llorar por Balder delante de la sala de Hela. Los dioses, los hombres y los gigantes atendieron el llamado. También lo hicieron los árboles, las piedras y todas las cosas que primero habían jurado no dañar a Balder. La esperanza creció en los corazones de los Aesir y la alegría pareció emerger del dolor. Pero cuando los últimos mensajeros regresaron a casa, pasaron por una cueva que no habían visto antes y escucharon el sonido de algo, o quizás de alguien, moviéndose dentro. Lanzaron un grito dentro de la cueva y una giganta salió a su encuentro. Se presentó como Thok. Le explicaron su misión y le pidieron que llorara por Balder. Todos siempre se mostraban muy dispuestos después de escuchar aquel mensaje, y no esperaban menos de Thok. Sin embargo, ella habló de una manera insultante de Balder y de su padre Odín, declaró que no quería a Balder, ni vivo ni muerto y dijo riéndose al final:

—¡Dejad que Hela se quede con lo que tiene!

Pero los mensajeros conocían el sonido de aquella risa, vieron a través del disfraz de Thok y reconocieron a Loki. Al ver que había sido descubierto, Loki huyó y no pudieron llevárselo, pero llevaron su historia a Asgard donde confesaron su fracaso y el inquebrantable exilio de Balder. Los dioses maldijeron a Loki por haber condenado a Balder a Hel hasta el fin de los mundos y quizás fue entonces cuando recordaron que Höder, después de todo, difícilmente podría haber lanzado el dardo con tanta precisión a Balder sin ninguna ayuda y que antes de este mortal lanzamiento, Loki había sido visto al lado de Höder.

Al quedarse sin Balder, los dioses decidieron no quedarse sin venganza. Salieron a buscar a Loki y no solo los Aesir, sino también la giganta Skadi, que había deseado casarse con Balder en los tiempos de gloria de los Aesir.

Loki fue advertido de su llegada, se transformó en un salmón y se escondió en un profundo estanque del arroyo. Pero el disfraz de pez no le sirvió más de lo que le había servido a Andvari. Los dioses encontraron su escondite, arrojaron una red y cuando intentó saltar por encima de la red, Thor lo agarró por la cola y lo mantuvo boqueando en el aire hasta que volvió a tomar su propia forma para poder respirar; aunque le habrían ocurrido menos desgracias si hubiera muerto en aquel momento.

Llevaron a Loki a una cueva y lo ataron de inmediato. No pudo engatusar, sobornar o fanfarronear para librarse del castigo y Balder el bondadoso ya no estaba allí para pedir misericordia o justicia en lugar de la venganza y los Aesir estaban locos de dolor y de ira. Mataron a dos de los hijos de Loki ante sus ojos, para que sufriera como Odín había sufrido. Luego lo encadenaron a la roca y Skadi envolvió una serpiente venenosa alrededor de su cabeza, de modo que su veneno caía sobre su cara y le quemaba. Finalmente, dejaron a Loki allí y se fueron para aliviar su dolor.

Cuando los dioses y Skadi se fueron, la esposa de Loki, Sigyn, acudió a él. No tenía poderes para desatar sus ataduras ni para matar o apartar a la serpiente. Pero trajo una vasija que sostenía bajo el flujo de veneno, para que su marido descansara del dolor. Solo cuando la vasija se llenaba hasta rebosar y tenía que darse la vuelta para vaciarla, el veneno golpeaba de nuevo la carne de Loki. Sus convulsiones de dolor sacudían todo Midgard y sus gritos eran terribles. Pero Loki no se lamentaba por Balder; solo por él mismo, consciente de que no se liberaría hasta la llegada de Ragnarök.

Notas:

Este cuento sigue principalmente el relato de Snorri Sturlusson en la Edda prosaica *Gylfaginning*. Las Eddas poéticas *Völuspá* (La Profecía de la Vidente) y *Baldrs Draumar* (Los sueños de Balder) también cuentan partes de la historia.

Es difícil estar seguro de cómo este cuento encaja en secuencia con todos los demás. En el *Gylfaginning* esta historia aparece inmediatamente antes de la profecía de Ragnarök (El día de la destrucción); también, ya que en su final Loki está atado hasta el fin del mundo, parece que esta historia debe seguir a los cuentos en los que Loki anda suelto por el mundo. Por otro lado, cuando Skirnir corteja a Gerd en nombre de Frey, le ofrece un anillo y dice que Odín lo había puesto en la pira de Balder y que Balder se lo había devuelto a Odín. En una ocasión posterior, cuando Loki, en plena libertad, entra en un festín e insulta a otro Aesir, se burla de Frey por haberle dado a Skirnir su espada como premio por traer a Gerd... He seguido la línea de tiempo de Snorri Sturlusson aquí. Supongo que es lógico que Loki, el embustero, no pueda encajar bien en un intento humano de ordenar las historias de una forma lógica.

Gylfaginning entra en detalles muy feos sobre el castigo de Loki y de sus hijos. Elegí saltarme eso aquí.

Daniel McCoy señala que existe otro manuscrito medieval, la *Gesta Danorum* de Saxo Grammaticus, que describe a Balder y a Höder como héroes mortales que se mataron deliberadamente en una disputa romántica, pero la versión de Snorri Sturlusson de este cuento es mucho más conocida.

Capítulo 17. Ragnarök

Se cuenta que después de la muerte de Balder, Odín sintió que se acercaba la perdición de los dioses. Sin embargo, el tiempo de los dioses no se corresponde con el tiempo de los mortales y parece que los nórdicos vivieron durante muchos siglos en el intervalo de tiempo entre la muerte de Balder y el Día de la destrucción. La muerte de Balder se contaba como algo concluido y muy lamentado, mientras que el Ragnarök estaba por llegar. Aun así, lo que iba a pasar al final ya se conocía, porque Odín se lo había oído predecir a una profetisa.

El primer signo del fin del mundo de los hombres serán las terribles tormentas y los días de verano se harán cada vez más cortos como en invierno. Después del desorden de la naturaleza vendrá el desorden de los hombres. Habrá guerras terribles, no es que el mundo no haya estado nunca en guerra, pero la lucha se hará más cruel e incesante, y se acabarán la lealtad y el coraje. Los hombres y mujeres ya no cumplirán ninguno de los juramentos que hicieron de amor, lealtad o alianza; el incesto y la traición se convertirán en algo habitual. Entonces el calor del verano desaparecerá por completo. Vendrán tres inviernos seguidos sin tiempo de siembra entre ellos. Los hombres mirarán al cielo y se desesperarán por el frío y la palidez del sol, mirarán a la tierra y se desesperarán por el hambre en sus vientres y el odio en los ojos de sus semejantes: la profetisa lo llamó «la época de vientos y de lobos, antes de que el mundo caiga».

Entonces el gran árbol del mundo temblará, todos los cielos y las tierras que cuelgan de él temblarán también; y todos los lazos que los sostienen se romperán. Los lobos que habían estado persiguiendo al sol y a la luna a través de los cielos desde el principio de los tiempos alcanzarán por fin a sus presas en esa convulsión y la tierra quedará sumida en la oscuridad. Loki se liberará de sus cadenas y huirá a Jötunheim para unirse a los gigantes en su batalla contra los dioses. El frío mar se elevará a una gran altura y una ola helada rodará hacia Asgard; en la cresta de esa ola navegará el gran barco llamado *Naglfar*, hecho con las uñas de los dedos de las manos y de los pies de los mortales ya muertos. (Una versión de la profecía decía que Ragnarök no vendría hasta que se tendrían suficientes uñas para construir el *Naglfar*, es por ello que las personas devotas y prudentes mantenían sus uñas muy cortas, para no acelerar la construcción de este barco). Loki y el gigante Hrimir estarán de pie juntos en la proa del barco, riéndose al ver la destrucción de los dioses; y dentro del barco habrá un gran ejército de gigantes.

Pero los gigantes no eran los únicos enemigos de los dioses. El hijo de Loki, el lobo Fenrir, cuyo encadenamiento se consiguió a costa de la mano de Tyr, también se liberará y abrirá sus mandíbulas, alcanzando desde la tierra de abajo hasta los cielos de arriba. La serpiente de Midgard, el otro hijo de Loki, se levantará golpeando desde las profundidades del mar y se extenderá sobre Asgard. Y detrás de todos ellos vendrá el brillante ejército de Muspelheim, el mundo del fuego, arrojando una terrible luz sobre las tierras oscuras.

Los dioses sabrán que les será imposible ganar esta batalla, pero tampoco se quedarán quietos sin intentar luchar. Su ejército saldrá a la última batalla, sin esperanzas, pero también sin miedo. Odín liderará el ataque contra Fenrir y el lobo se lo tragará con mucho dolor, aunque el hijo de Odín, Vidar, matará al lobo y vengará a su padre. Thor estrangulará a su viejo enemigo, a la Serpiente de Midgard, para luego morir por el veneno derramado por él. Tyr perderá la mano que le quedaba y su vida, luchando contra otro lobo, aunque éste morirá con él. Loki y el dios Heimdall también morirán peleándose entre ellos. Y entonces, cuando los ejércitos de los dioses y de los monstruos se queden muy débiles y sufran muchas pérdidas, los gigantes de fuego llegarán desde Muspelheim. Frey, el hijo del dios del mar, se enfrentará a Surt, el líder de los ejércitos del fuego, pero se quedará sin armas —ya que le había entregado su espada milagrosa a Skirnir (el paradero de Skirnir durante la batalla no está claramente establecido)— y morirá. Entonces Surt arrojará fuegos más calientes que la erupción de cualquier volcán de Midgard y se destruirá todo. El mundo se acabará, así como empezó, en el fuego.

Pero ese final llevará a un nuevo comienzo. Asgard y Midgard se habían formado en el vacío entre el hielo y el fuego. De la misma manera, los fuegos de Surt se hundirán en el mar helado y un nuevo mundo se levantará como una isla en las olas vacías, con una tierra verde y hermosa. La mujer que era el Sol habrá dado a luz a una hija antes de morir y, en el nuevo mundo, esa hija se levantará radiante. Su luz brillará sobre las cataratas del joven mundo, les dará luz a las águilas y traerá flores y frutos de la tierra sin necesidad de que los humanos los atiendan. En ese nuevo mundo todo el mal estará muerto y olvidado. Balder regresará de nuevo para gobernar ese joven mundo y su hermano Höder estará a su lado. No habrá amargura en el corazón de ninguno de los dos hermanos por la forma en la que murieron antes. Tal vez otros dioses también regresarán. Y los humanos mortales también volverán. En un lugar secreto lejos de las guerras de los dioses y monstruos, Lif y Lifthrasir se esconderán durante los días de destrucción y entrarán en el nuevo mundo verde para llenarlo de un pueblo que conocerá la alegría y la paz, que raramente se mantenían en Asgard y Midgard antes.

Y para aquellos que murieron en Midgard antes del día de la destrucción, otra resurrección les esperará. Habrá un nuevo cielo, así como una nueva tierra y en el salón con techo de oro llamado Gimle, aquellos que habían sido justos, puros de corazón o buenos según la definición de la bondad del narrador (las ideas sobre esto variaban entonces, como lo hacen ahora) vivirán en la dicha para siempre. Algunas historias decían que también habrá lugares más fríos y sucios para los asesinos, rompedores de juramentos o adúlteros; otros decían que el lugar para el castigo pertenecía al viejo mundo que morirá con Odín, Loki y los gigantes.

Cuando Snorri contó esta historia, habló como si la felicidad de este nuevo mundo fuera interminable. En el antiguo poema de la profecía revelada a Odín, las últimas palabras de la profetisa hablaron de un dragón que se iba a levantar con la boca llena de cadáveres. Algunos traductores dicen que esto se debe a un error, que un trozo de la historia anterior de una lucha apareció en el lugar equivocado. Tal vez sea así. Y tal vez sea absurdo esperar a que se entienda claramente el fin del mundo o lo que sigue después del mismo.

Notas:

Este relato está tomado del *Gylfaginning* de Snorri Sturluson y de la Edda poética *Völuspá*. Los dos relatos difieren en varios puntos; he señalado las discrepancias más importantes en la propia historia.

Capítulo 18. Nota final: La historia de Hrólfr Kraki

El nombre del rey Hrólfr es menos conocido que el de los Völsung y nadie afirma que Hrólfr fuera el hijo de un dios; pero su vida y las vidas de aquellos que tuvieron que tratar con él fueron mucho más felices que las vidas de los Völsung y de sus vecinos. Y en la época de Snorri Sturlusson, Hrólfr Kraki todavía era recordado con honor, cariño y también, con un poco de risa. Snorri decía que él era el más valiente de los hombres, así como el más amable y el más bondadoso.

Hrólfr fue el nombre con el que nació, pero el nombre de Kraki se le dio de la siguiente manera: Hrólfr tomó el trono en Hleidra cuando era muy joven, bastante pequeño y de aspecto no muy impresionante. Un día, un hombre muy pobre llamado Vöggr entró en la corte y se quedó mirando fijamente al gran trono y al pequeño rey que había en él. Como no paraba de mirar, todos los presentes en el gran salón también se le quedaron mirando a él y al joven rey. Entonces el rey Rolf le preguntó a Vöggr qué quería decir con esa mirada.

Vöggr, menos intimidado de lo que se esperaba por el esplendor del rey y de la corte, respondió con espontaneidad. En su casa, dijo, había oído cosas maravillosas de Hleidra, y todos decían que el rey

Hrólfr que reinaba allí era el hombre más grande de todas las tierras del norte, así que hizo el largo viaje a Hleidra para poder contemplar la maravilla por sí mismo, ¡a vio no más que a un pequeño cuervo (*kraki*, en su lengua) posado en un asiento alto y llamándose a sí mismo rey!

La gente que estaba cerca de Vöggr comenzó a susurrar y a retroceder, porque, pequeño o no, Hrólfr era un rey; y burlarse de un rey significaba invitarse a un castigo inmediato y severo. Algunos de ellos podrían haber estado de acuerdo en secreto con la descripción de Vöggr, pero se consideraban demasiado sabios y ni soñaban con repetirla ante el rey o reírse en su presencia.

El rey Hrólfr se quedó mirando a Vöggr, mientras Vöggr lo miraba y, al final, sonrió.

—Me has dado un nombre —le dijo a Vöggr—, y me llamaré Hrólfr Kraki de ahora en adelante. Pero es costumbre dar un regalo junto al nombre.

Le miró pensativo y Vöggr se dio cuenta de que no tenía nada que un rey pensara que valiera la pena aceptar como un regalo o como una recompensa por su insolencia. El rey Hrólfr se encogió de hombros.

—Bueno, ya que no tienes ninguna cosa adecuada para darme junto con mi nombre, debe dar el que tiene, en tal caso. Dicho esto, se quitó un anillo de oro de su mano y se lo dio a Vöggr.

Ahora le tocaba a Vöggr sonreír, una vez que terminara de balbucear con asombro.

—Su merced es el mejor rey de todos —dijo—. A partir de ahora seré el enemigo de todo aquel que se atreva a convertirse en su enemigo.

Entonces el rey Hrólfr Kraki se rió a carcajadas, mientras decía:

—¡Una cosa tan pequeña le hace feliz a Vöggr!

El rey Hrólfr Kraki se hizo adulto y los sajones atacaron desde el mar, por lo que su ejército se vio obligado a defender su reino. Pero en el medio de esa batalla, un mensajero cabalgó hasta sus puertas con un caballo exhausto, para pedir su ayuda en la guerra que el rey

Adils de Upsala, el segundo esposo de la madre de Hrólfr Kraki, Yrsa, estaba luchando contra el rey de Noruega. El rey Adils se ofreció a pagar todos los gastos del ejército de Hrólfr Kraki, además de darle tres tesoros que eligiera. El rey Hrólfr Kraki no estaba en condiciones de dejar de luchar contra los sajones, pero por el bien de su madre envió a sus doce mejores luchadores a caballo a Upsala de manera inmediata; esos hombres eran guerreros berserkers y nadie se atrevió a enfrentarse a ellos debido a su tremenda pasión por la batalla. Con su ayuda, el rey Adils obtuvo la victoria y al final pidieron su paga y mencionaron los tesoros que querían llevarle a su rey. Pero el rey Adils rechazó darles la paga o los tesoros y envió a los hombres de vuelta con las manos vacías.

Al regresar a Hleidra, los berserkers se dieron cuenta de que los sajones habían sido expulsados y la tierra se encontraba en paz. Pero cuando contaron su historia, el rey Hrólfr Kraki se enfadó, se armó y regresó con ellos a Upsala. Allí el rey Adils se negó a recibirlos en su gran salón, pero Yrsa invitó a su hijo al otro hospedaje. Le dio a él y a sus guerreros comida y bebida y los trató con honor. Al parecer, el rey Adils también se opuso a esto. En todo caso, cuando Yrsa se fue de la sala de huéspedes, Adils envió a hombres que de repente arrojaron grandes ramas sobre el fuego para que éste brotara y quemara las ropas del rey Hrólfr Kraki y las de sus hombres. Los hombres gritaron en tono de burla desde la puerta, preguntando si era cierto que ni el fuego ni el acero podían hacer huir a Hrólfr Kraki y a sus berserkers. Al oír esto, Hrólfr Kraki sospechó que había un montón de hombres armados esperando en la puerta a cualquiera que huyera del fuego de esa manera. Entonces esperó hasta que el fuego hubiera atravesado la pared trasera de la casa, y luego él y sus hombres arrojaron sus escudos al fuego para abrirse paso. Corrieron a través del fuego sobre ese puente de metal caliente y Hrólfr Kraki les gritó a los burladores que no se podía decir que el hombre que saltó sobre el fuego había huido de él. Entonces él y sus hombres empujaron a los pirómanos dentro del edificio en llamas.

Yrsa llegó demasiado tarde para detener el incendio. Le dio a su hijo un cuerno lleno de oro, un anillo de oro y le dijo que se fuera. Él y sus hombres hicieron caso a la advertencia y se alejaron juntos, con el viento frío sobre sus pieles quemadas. Sin embargo, pronto escucharon cascos golpeando detrás de ellos: el rey Adils y un gran ejército, decidido a matar a los invitados a los que no habían podido humillar o quemar.

En estas circunstancias, Sigfrido tal vez habría luchado y habría muerto como un héroe. El rey Hrólfr Kraki tenía otra idea diferente. Esparció en el camino las monedas de oro que su madre le dio. Los soldados del rey Adils las vieron brillar en la luz de la luna y se detuvieron, primero para recogerlas y luego para discutir sobre quién se quedaba con qué, ignorando las órdenes del rey Adils de que continuaran la persecución. Solo el mismo rey Adils mantuvo su rumbo y cabalgó con furia tras su yerno. Eran trece contra uno entonces y presumiblemente el rey Hrólfr Kraki podría haberlo matado fácilmente, si estaba dispuesto a dejar a su madre viuda y a su reino envuelto en un feudo de sangre. En cambio, tomó el anillo que su madre le había dado y se lo arrojó al rey Adils, diciéndole a gritos que se lo guardara como un regalo.

Tal vez Adils sabía que el anillo era de su esposa y se lo pensó mejor. Tal vez vio que era lo justo. Tal vez se le ocurrió que estaba cabalgando hacia su muerte y quería salvar su honor. Sea como fuere, se inclinó desde su caballo para recoger el anillo con su lanza. Cuando se enderezó de nuevo, vio que Hrólfr se había aproximado a él, lo suficientemente cerca como para dar un golpe mortal, si hubiera estado tan dispuesto. El rey Kraki miró a su padrastro y le dijo:

—Se supone que eres el más grande de todos los suecos y he conseguido hacer que te agaches como un cerdo.

El rey Adils no supo qué decir. Se quedó sentado en silencio, mirando, mientras el rey Hrólfr Kraki y sus hombres volvían a casa juntos, riendo.

Notas:

Esta historia viene de *Skáldskaparmál* de Snorri Sturluson. Todas las especulaciones sobre los motivos son mías.

He añadido este cuento como nota final porque no estaba claro dónde encajaba en el ámbito de esta narrativa. Pero el cuento de Hrólfr Kraki me pareció un agradable contraste con las historias sangrientas, llenas de orgullo y sombrías de los Völsung y quise incluir también ese aspecto no violento del variado mosaico de la literatura nórdica.

Conclusión

Este libro da una introducción a algunos de los relatos básicos que se encuentran en las fuentes primarias. Si desea explorar más el mundo de la mitología nórdica, aquí tiene algunas sugerencias. Muchas de las fuentes primarias están ampliamente disponibles en el dominio público.

Los cuentos de este libro están tomados principalmente de las Eddas. Las Eddas poéticas son los textos más antiguos. A menudo son fragmentarios y los estudiosos discuten sobre el orden de las estrofas, sobre las divisiones entre las diferentes obras y sobre el significado de algunas palabras o líneas. Una colección minuciosamente explicada de todas las Eddas poéticas, traducidas al inglés en 1936 por Henry Adams Bellows, se encuentra en la página: **http://www.sacred-texts.com/neu/poe/index.htm.** Su biblioteca también puede tener otras traducciones. Las Eddas prosaicas de Snorri Sturlusson son secuenciales, intactas y fáciles de entender. Como Snorri era cristiano y realizaba intentos intermitentes de armonizar estos relatos con las historias cristianas, algunas personas interesadas en comprender la antigua religión nórdica lo encuentran un tanto frustrante y poco fiable. Me he inspirado en las dos primeras Eddas, *Gylfaginning* y *Skáldskaparmál*, que se pueden encontrar fácilmente en línea en inglés en varios lugares; la tercera, *Háttatál*, es algo más oscura y difícil de encontrar con una traducción inglesa de fácil lectura.

He encontrado algunas notas útiles sobre la religión nórdica y sobre fuentes primarias menos conocidas en el sitio de Daniel McCoy: www.norse-mythology.org.

Glosario de nombres

Adils es un hombre mortal, rey, esposo de Yrsa y suegro de Hrólfr Kraki; véase el capítulo 18.

Aesir es el nombre colectivo de los dioses que originalmente vivían en Asgard (todos los dioses de esta historia excepto Njord, Frey y Freya).

Agnarr, el primer Agnarr es el hermano mayor de Geirröd y el hijo adoptivo de Frigg; el más joven es el hijo de Geirröd; véase el capítulo 9.

Alf es un hombre mortal, rey, se casó con Hjördis y se convirtió en huésped y protector de Sigfrido en su juventud; véase el capítulo 11.

Andvari es un enano muy rico, a quien Loki le robó su tesoro para pagar una deuda de sangre y cuya maldición persistió en ese tesoro y trajo la destrucción a la familia de Sigfrido y quizás también a los dioses. La propia historia de Andvari se cuenta en el capítulo 10; los efectos de la maldición se observan en los capítulos 10-15 (o quizás también en los capítulos 16 y 17).

Balder (Baldr) es dios, hijo de Odín y Frigg, esposo de Nanna; es el más bello de los dioses y dueño del lugar de la paz. Aparece en el capítulo 16, también, en los capítulos 2, 6 y 17.

Bölverkr es un alias de Odín cuando fue a robar el aguamiel de la poesía (véase el capítulo 4); el nombre significa «Obrador del mal».

Brok es un enano, hermano y ayudante del maestro-herrero Sindri que fabricó los preciosos regalos para los dioses y ganó una apuesta contra Loki; véase el capítulo 5.

Brunilda es una valquiria y una mujer sabia; amante de Sigfrido y causante de su muerte; véase los capítulos 13-15.

Fafner es un hombre mortal, mago, hijo de Hreidmar y hermano de Óddar, Regin y Lyngheid; mató a su padre para conseguir el oro de Andvari y más tarde se convirtió en un dragón para custodiar el oro; véase los capítulos 10 y 12.

Fenrir es un lobo, hijo de Loki y una giganta; atado de forma segura en el capítulo 3 (y a un gran precio) y soltado con resultados catastróficos en el capítulo 17.

Freya (Freyja) es diosa, hija del dios del mar Njord, hermana de Frey; una de las Vanir dejadas en Asgard como rehén (véase el capítulo 2), aunque parece ser que rápidamente logró sentirse como en casa. Mujer sabia y guardiana de una capa de plumas que le permite tomar la forma de un pájaro. También es la más bella de las diosas. Los desastrosos intentos de los gigantes de casarse con ella por la fuerza o con engaños se describen en los capítulos 2 y 7. Muchas de sus características son similares a las de Frigg.

Frigg es diosa, esposa de Odín y madre de Balder. Mujer sabia y guardiana de una capa de plumas que permite al portador tomar forma de un pájaro. Dicen que es la diosa del amor conyugal, aunque su matrimonio con Odín parece haber tenido sus altibajos (véase el capítulo 9). Véase también los capítulos 2 y 16.

Fulla es la criada de Frigg, enviada al rey Geirröd en el capítulo 9 y recordada por la esposa de Balder, Nanna, en el capítulo 16.

Geirröd es un hombre mortal, hijo adoptivo de Odín y también el poco amable anfitrión de Odín un tiempo después; hermano y padre de Agnarr; véase el capítulo 9.

Gerd (Gerð, Gerda) es una giganta, casada a regañadientes con Frey y causa indirecta de su muerte durante el Ragnarök; véase los capítulos 6 y 17.

Gebica (Gjúki) es un hombre mortal, esposo de Grimhilda y padre de Gunter, Gundrun, Hogni y Guttorm; véase los capítulos 13-15.

Grani es el caballo de Sigfrido que Odín eligió para él. Descendiente de Sleipnir, el caballo de Odín. Véase los capítulos 11-14.

Grimhilda es una mujer mortal, reina y hechicera; esposa de Gebica y madre de Gunter, Gudrun, Hogni y Guttorm; véase los capítulos 13-15.

Grimnir es un alias que Odín usó cuando fue a comprobar la hospitalidad de Geirröd en el capítulo 9.

Gudrun es una mujer mortal, reina, hija de Gebica y Grimhilda; hermana de Gunter, Hogni y Guttorm; esposa de Sigfrido; véase los capítulos 13-15.

Gunter (Gunnar) es un hombre mortal, rey; hijo de Gebica y Grimhilda; hermano de Gudrun, Hogni y Guttorm; hermano de sangre de Sigfrido, esposo de Brunilda; véase los capítulos 13-15

Guttorm es un hombre mortal, hijo de Gebica y Grimhilda, hermano menor de Gudrun, Gunter y Hogni, asesino de Sigfrido; véase el capítulo 15.

Heimdal es un dios Aesir, hijo de Odín y de nueve madres diferentes (no me pregunte cómo sucedió eso), guardián de Asgard y asesino de Loki en la última batalla (Capítulo 17).

Heimir es un hombre mortal, padre adoptivo de Brunilda; véase los capítulos 13 y 14.

Hela es una diosa, hija de Loki y una giganta, gobernante del frío mundo llamado Hel, Helheim o Niflhel donde las almas de los mortales muertos iban si no merecían o tenían la suerte de ser llevados a Asgar y también, aparentemente, donde los dioses muertos iban independientemente de que lo merecieran. Véase los capítulos 3 y 16.

Hermód (Hermóðr) es un dios, hijo de Odín y hermano de Balder, que cabalgó hasta Niflhel después de la muerte de Balder para suplicar su regreso; véase el capítulo 16.

Hindfell es la montaña donde se encontraba el castillo de Brunilda dentro de un anillo de fuego eterno.

Hjördis es una mujer mortal, reina, esposa de Sigmund (más tarde, de Alf) y madre de Sigfrido; véase el capítulo 11.

Höder (Höðr) es un dios ciego, hermano de Balder y su asesino por accidente; véase el capítulo 16).

Hogni es un hombre mortal, el hijo mediano de Gebica y Grimhilda, hermano de Gudrun, Gunter y Guttorm, hermano de sangre de Sigfrido; véase el capítulo 15.

Hreidmar es un hombre mortal, hechicero, padre de Óddar, Fafner, Regin y Lyngheid, huésped y luego captor de Odín y Loki en el capítulo 10.

Idun es diosa, guardiana de las manzanas de la juventud que evitaban que los dioses envejecieran; su secuestro y rescate se describen en el capítulo 5.

Jörmungandr es la serpiente de Midgard, hijo de Loki y de una giganta, que yace con tranquilidad en las profundidades del mar esperando al Ragnarök; véase los capítulos 3, 8 y 17.

Jötunheim es una región o mundo salvaje y de hielo, hogar de los gigantes.

Loki es un dios, esposo de Sigyn y padre de Sleipnir, Fenrir, Jörmungandr y Hel, entre muchos otros. Es un embustero, a menudo responsable de meter y sacar a los dioses de los problemas, aunque a veces solo termina haciendo una cosa o la otra. Aparece en los capítulos 2-8, 16 y 17.

Lyngheid es una mujer mortal, hija de Hreidmar, hermana de Óddar, Fafner y Regin; mucho menos sanguinaria que el resto de su familia; véase el capítulo 10.

Lyngi es un hombre mortal, rey, rival de Sigmund por el amor de Hjördis, asesino de Sigmund, después asesinado por Sigfrido; véase el capítulo 11.

Midgard es el mundo de los hombres, creado por los Aesir; véase el capítulo 1.

Mímir es un misterioso ser, guardián de la fuente de la sabiduría, cuyo encuentro con Odín se describe en el capítulo 3. Otra historia, no registrada en este libro, describe a un dios sabio llamado *Mímir* como un rehén enviado al Vanir por los Aesir; lo mataron durante una pelea y enviaron su cabeza de vuelta a Odín, quien la consultaba cada vez que necesitaba más sabiduría.

Mjöllnir es el poderoso martillo de Thor, cuyo nombre significa *demoledor*, forjado en el capítulo 5, robado, recuperado y usado con gran efecto en el capítulo 7, aparentemente inútil en el capítulo 8

Muspelheim es el mundo primordial del fuego que surgió antes de Midgard, y cuyas chispas, mezcladas con el frío de Niflheim, crearon un lugar donde podía surgir la vida (véase el capítulo 1); también es el hogar de Surt y de los gigantes del fuego que destruirían el mundo; véase el capítulo 17.

Nanna es diosa y esposa de Balder; véase el capítulo 16.

Niflhel uno de los nombres para el frío mundo de los desafortunados muertos gobernado por la diosa Hel; a veces también llamado Hel o Helheim; aparentemente muy cercano a Niflheim.

Niflheim es el mundo primordial de hielo y veneno, cuyas aguas, mezcladas con el calor de Muspelheim, crearon un lugar donde la vida ha podido surgir; véase capítulo 1.

Njord (Njörðr) es el dios del mar, padre de Frey y Freya. No es uno de los Aesir originales, sino un rehén enviado por los Vanir a Asgard después de la guerra (véase el capítulo 2); estuvo brevemente casado con Skadi; véase el capítulo 6.

Nornas son mujeres sabias, inmortales, que tejían el destino de los mortales; véase el capítulo 3.

Odín (también llamado *Wotan*, *Woden* y con muchos otros nombres) es un dios, esposo de Frigg y padre de Balder, Thor y muchos otros dioses; rey y miembro más sabio de los Aesir y destructor del gigante Ymir, dueño de Valhalla y Valaskjálf. Aparece con muchos disfraces en los mundos de los hombres y los gigantes. Está presente en los capítulos 1, 3, 4, 9, 10, 16 y 17 y en la mayoría de los otros capítulos.

Regin es un hombre mortal, herrero, hijo de Hreidmar, hermano de Óddar, Fafner y Lyngheid; padre adoptivo de Sigfrido; véase los capítulos 10-12.

Hrólfr Kraki (Rolf Krage) es un hombre mortal, rey, hijo de Yrsa y yerno de Adils; véase el capítulo 18.

Skadi es una giganta, a veces adorada como la diosa de la caza, hija de Thjazi, brevemente casada con Njord; véase el capítulo 6 (y, brevemente, el capítulo 16).

Skirnir es el sirviente de Frey, responsable de conseguir la mano de Gerd y también de privarle de su espada; véase el capítulo 6.

Skrymir es un gigante y hechicero, responsable de la miseria de Thor en el capítulo 8.

Sif es diosa y esposa de Thor; Loki le robó el pelo en el capítulo 5.

Sigmund es un hombre mortal, rey; se dice que desciende de Odín; esposo de Hjördis y padre de Sigfido. Véase el capítulo 11. (El hijo de Sigfrido y Gudrun también lleva el mismo nombre).

Sigfrido es un hombre mortal, hijo de Sigmund y Hjördis, hijo adoptivo y asesino de Regin, amante de Brunilda, esposo de Gudrun, hermano de sangre de Gunter y Hogni, asesino de Fafner. Figura central en los capítulos 11-15.

Sigyn es una diosa, esposa de Loki, responsable de hacer su encarcelamiento después de la muerte de Balder un poco más soportable; véase el capítulo 16.

Sindri es un enano, maestro herrero, hermano de Brok, fabricante del martillo de Thor y otros tesoros de los dioses, ganador de una apuesta con Loki; véase el capítulo 5.

Sleipnir es el caballo de Odín, el hijo de Loki en forma de yegua y el semental Svadifari. Se dice que es el antepasado de Grani, el caballo de Sigfrido. En cuanto a su adquisición, véase el capítulo 2; también aparece montado en otras historias, especialmente en el capítulo 16.

Surt es un gigante de fuego, responsable de la destrucción final de los mundos; véase el capítulo 17.

Svadilfari es el caballo semental que transportaba piedras para el gigante que construyó el muro de Asgard en una apuesta en el capítulo 2. Fue extraviado en el último minuto por Loki, lo que impidió que se ganara la apuesta. Es el padre de Sleipnir.

Thjazi es un gigante y hechicero, padre de Skadi, secuestrador de Idun, que fracasó en su objetivo y fue asesinado por los dioses en el capítulo 5; fue vengado de alguna manera por su hija en el capítulo 6.

Thor es dios, hijo de Odín y de la giganta Jörð, esposo de Sif; portador del martillo de Mjöllnir; llamado a menudo para bendecir las bodas; también honrado por los guerreros; un luchador incansable e intrépido, imposible de intimidar, pero bastante fácil de engañar y algo propenso a perder los estribos. Aparece en los capítulos 7 y 8; y, en menor medida, en los capítulos 5 y 17, también se menciona en otros capítulos.

Trym es un gigante, rico y ambicioso; su nombre significa *escandaloso*; robó el martillo de Thor, trató de conseguir a Freya como su novia y se llevó una desagradable sorpresa en el capítulo 7.

Tyr es un dios y un guerrero, de corazón valiente como Thor, pero tal vez con más autocontrol. Aparece en los capítulos 3 y 17.

Utgard-Loke gigante y hechicero, que también aparece como Skymir. Véase el capítulo 8.

Valaskjálf es el alto asiento de Odín, desde el que podía ver todos los mundos.

Valhalla es el salón de fiestas de Odín, donde las almas de muchos de los valientes muertos festejaban y luchaban amistosamente con el fin de practicar para el último día.

Valquirias son doncellas escuderas. ¿Son humanas o divinas? Las historias varían en este punto. En cualquier caso, elegían a quiénes vivirían en una batalla y quiénes morirían y llevaban a algunos de los valientes muertos a Odín (y quizás también a Frigg). Descritas de forma general en el capítulo 2. Brunilda (véase los capítulos 13-15) es una de ellas.

Vanir (en singular Vanr) es otra raza de dioses que primero luchó y hizo las paces con los Aesir. Los Vanir dejaron a Njord, Frey y Freya en Asgard como rehenes o invitados de honor.

Völsung es la familia de Sigmund y Sigfrido, que supuestamente desciende de Odín.

Ymir es un gigante, uno de los primeros seres vivos y el antepasado de todos los gigantes. Odín y sus hermanos mataron a Ymir y crearon el mundo a partir de su cuerpo.

Yrsa es una mujer mortal, reina, esposa de Adils y madre de Hrólfr Kraki.

Vea más libros escritos por Matt Clayton